拥抱
你的客户

②

Selling the Hug Your Customers Way

The Proven Process for Becoming a Passionate and
Successful Salesperson for Life

[美] 杰克·米切尔（Jack Mitchell）◎ 著

何荣娅 ◎ 译

中国科学技术出版社
·北 京·

本书中文简体字版通过**Grand China Happy Cultural Communications Ltd**（**深圳市中资海派文化传播有限公司**）授权中国科学技术出版社在中国大陆地区出版并独家发行。未经出版者书面许可，不得以任何方式抄袭、节录或翻印本书的任何部分。

北京市版权局著作权合同登记　图字：01-2022-6353。

图书在版编目（CIP）数据

拥抱你的客户.2/（美）杰克·米切尔著；何荣娅译.--北京：中国科学技术出版社，2023.5
书名原文：Selling the Hug Your Customers Way: The Proven Process for Becoming a Passionate and Successful Salesperson for Life
ISBN 978-7-5046-9941-1

Ⅰ.①拥… Ⅱ.①杰… ②何… Ⅲ.①销售学 Ⅳ.
① F713.3

中国国家版本馆 CIP 数据核字 (2023) 第 042088 号

执行策划	黄　河　桂　林
责任编辑	申永刚
策划编辑	申永刚　刘颖洁
特约编辑	郎　平
版式设计	王永锋
封面设计	东合社·安宁
责任印制	李晓霖

出　　版	中国科学技术出版社
发　　行	中国科学技术出版社有限公司发行部
地　　址	北京市海淀区中关村南大街16号
邮　　编	100081
发行电话	010-62173865
传　　真	010-62173081
网　　址	http://www.cspbooks.com.cn

开　　本	787mm×1092mm　1/32
字　　数	197千字
印　　张	10
版　　次	2023年5月第1版
印　　次	2023年5月第1次印刷
印　　刷	深圳市精彩印联合印务有限公司
书　　号	ISBN 978-7-5046-9941-1/F·1120
定　　价	89.80元

（凡购买本社图书，如有缺页、倒页、脱页者，本社发行部负责调换）

当你经常"拥抱客户"时，

客户会予以巨大的"回抱"。

当你以客户为中心，

将焦点集中在客户身上，

他们就会一次又一次前来光顾，

直至成为你的终身客户。

本书献给米切尔服装连锁店的全体员工。我深深感激你们每一个人。

客户是我们宇宙的中心，我们的核心价值观之一就是"每个人都在销售"，而你们正在通过每天的工作来践行这一点。

是你们这些了不起的销售冠军成就了这部作品。

伦纳德 · A. 劳德（Leonard A. Lauder）

雅诗兰黛公司名誉主席

对于每一位对销售感兴趣的人来说，这本书都是必读的。这本书不仅会教你销售产品，还会告诉你如何用一种广受支持且令人难以忘怀的方式推销自己。强烈建议你读一读！

辛迪 · 比奇洛（Cindi Bigelow）

比奇洛茶叶（美国十大茶叶公司之一）第三代首席执行官兼总裁

我是米切尔服装连锁店的忠实客户，也是一名首席执行官。作为一名首席执行官，其实我所做的一切都是基于我的销售能力，这种销售能力不仅作用于客户，还作用于我的员工和整家公司。杰克在书中所阐述的热情、真诚、透明的原则，正是我成功传达企业愿景的基本工具。本书是进行正确销售的完美指南。我强烈建议你读一读杰克的新书，以吸取其中的宝贵经验。

约瑟夫·米切利（Joseph Michelli）

《纽约时报》畅销书榜首

《星巴克体验》（*Leading the Starbucks Way*）作者

这本书会彻底改变你！以拥抱客户的方式进行销售能让你更加贴近客户，增强团队的力量，并彻底改变销售方式。本书浓缩了杰克·米切尔在职业生涯中积累的成功经验和智慧，你将从中得到与客户建立个性化情感联系的实战经验。杰克总说"一切都和销售相关"，而我则要加上"一切服务都应该是个性化的"。这本书将这些概念结合在一起，充分展示了"个性化销售"的艺术和技巧。

布鲁内罗·库奇内利（Brunello Cucinelli）

意大利顶级服装品牌 Brunello Cucinelli 首席执行官

在工作中，人必须格外珍视自己的尊严。人际关系和高质量产品能为商家建立真正持久的客户纽带。杰克·米切尔在书中记录了一个充满激情的理想主义家族在半个世纪内坚持不懈完成的工作。它证明了，伟大的思想和坚实的人际关系才是商业成功的不竭之源。

肯·杜恩（Ken Duane）

休森公司（全球第二大服装集团）二代领袖兼北美地区首席执行官

我和杰克以及其他米切尔家族成员相识已经超过 35 年了。米切尔家族积极进取、富有灵感且知识渊博的团队，在所有交易中都能把客户放在首位。虽然拥抱的动作简单，但形成的客户关系是无价的。

安迪·西格（Andy Sieg）

美林财富管理主管

在高端服装及珠宝行业内，杰克·米切尔就是超级巨星。在推销的世界中，他就是当代的戴尔·卡耐基。他的《拥抱你的客户》和《拥抱你的客户2》都是首屈一指的大作。强烈建议你读完这两本书。它汇聚了充满智慧和幽默的实用建议。无论你的职业是什么，你都能从中受益。

罗伯特·赖斯（Robert Reiss）

首席执行官论坛创始人兼首席执行官

在杰克·米切尔的作品中，"拥抱客户"是一种真诚且充满活力的销售方式；实际上，这种销售方式也在悄然改变着游戏规则。在我读过的1 000多本商业图书中，它第一次将销售形容为"允许客户购买"的优雅过程。我曾有幸在杰克的主题演讲中目睹了他的"拥抱哲学"。我和其他现场观众一样，简直看得目不转睛。

马克·劳滕巴赫（Marc Lautenbach）

必能宝公司（全球最大的邮务系统供货商）首席执行官

《拥抱你的客户2》不仅是销售技巧的使用指南，还强调了销售员的基本尊严。销售应该是一个受人尊敬的职业，也是所有企业的基本组成部分。作为一名"终身销售员"，我认为本书是每一位销售员和高层管理人员的必读之书。

尼克·多诺福里奥（Nick Donofrio）

IBM 荣誉研究员、创新与技术部执行副总裁

　　杰克总是试图用书籍向读者传达信息。这些淳朴而明智道理，你或许都懂，但看过就是让人难以忘怀。书中的道理有典型的"杰克风"，就是让你的客户成为成功的买家。在客户眼中，销售员是最积极、最热情、最有风度、最有能力的人，因此也就是最成功的人。

罗宾·李维斯（Robin Lewis）

罗宾报告信息技术公司首席执行官

　　杰克·米切尔和他的家人，以及米切尔服装连锁店就是客户服务业的缩影。他们每周七天，每天二十四小时的全天候服务催生了杰克的第一部畅销书《拥抱你的客户》。在杰克的这本最新杰作中，他用生花妙笔讲述出了米切尔家族将"拥抱客户"转变为当今零售业最强大销售模式的始末。杰克阐释了销售过程的五个阶段，激励客户并"允许他们购买"，还列举了大量和消费者相关的经典案例。对于企业所有者来说，这是一本不能错过的必读书。

拉里·罗森（Larry Rosen）

哈里罗森（服装零售业巨擎）首席执行官

　　在这个沉迷于数字交互和社交媒体的世界中，杰克·米切尔将我们拉回现实，提醒我们基于质量和客户关系的销售才是优秀企业存续的基石。谢谢你，杰克，你提醒了我们什么才是最重要的。

吉尔多・杰尼亚（Gildo Zegna）

杰尼亚集团首席执行官

　　米切尔家族的销售文化，是奢侈品零售界最优秀的文化之一。在他们一代又一代的帮助下，我们的杰尼亚品牌实现了意大利全国范围内的发展。对于坐拥客户群体，并希望和他们保持情感联系的企业来说，这本畅销书是必读的！

茱蒂丝・E. 格拉泽（Judith E. Glaser）

标杆沟通公司首席执行官

《智能会话》（*Conversational Intelligence*）作者

　　没有人希望自己成为强买强卖的牺牲品。我们喜欢被人关心的感觉。杰克・米切尔发现了销售背后的这一关键因素。交易成功不再是唯一目的，客户体验获得了更高的优先度。客户如果感受到了你的关心，就会在购物时花更多的钱。显然杰克已经想通了这种销售流程的"重构"。作为米切尔服装连锁店的一名长期客户，我可以负责地说，我能感受到他们的关心，甚至有被爱着的感觉。这本书将彻底改变企业销售的现状！它是一本不能错过的必读书！

吉姆・吉尔茨（Jim Kilts）

吉列公司前首席执行官、中景资本创始人及合伙人

　　杰克・米切尔热爱自己的行业、热爱自己的客户，这本书充满了他的智慧箴言。

温·史密斯（Win Smith）

枫林酒庄首席执行官

关于销售的书车载斗量，但杰克·米切尔的这本著作是我读过最优秀的一本。杰克作为一位成功的企业所有者，同时也是销售员。他分享了多年以来的销售经验，以及他总结的销售流程。我有幸见过杰克，他是一位真正的大师。

布鲁斯·惠特曼（Bruce Whitman）

国际飞行安全公司首席执行官

杰克·米切尔是一位世界级的拥抱大师，他建立了以客户为中心的杰出销售文化。我在30多年前认识了杰克，并一直以此为荣。自那时起，我和家人就是他的顾客和朋友。杰克是最棒的，他曾应我邀请，为我的员工授课。他的新书再次强调了"拥抱"的重要性。你会像我一样爱上这本书的。

迈克尔·罗斯（Michael Roth）

埃培智集团（全球商业传播领导者）首席执行官

很多人都声称自己知晓了销售的秘诀，其中杰克·米切尔是真的知道。没人比他更擅长充满热情的销售，任何在米切尔服装连锁店中购买过产品的人都会感同身受。《拥抱你的客户2》中充满了永恒的智慧和易于操作的销售流程。相信所有读完此书的销售员都能见证自身能力的大幅度提升。

约翰·戴维斯（John Davis）
哈佛商学院家庭商业项目教授

　　毫无疑问，这本书是我读过的，对于销售过程最为清晰、最振奋人心的解释。每个人都应该读读这本书。

阿诺德·阿龙森（Arnold Aronson）
萨克斯第五大道精品百货店（世界顶级的百货公司之一）首席执行官

　　面对零售行业遭遇的有史以来最严峻的挑战和最大的机遇，杰克的答案是一套覆盖全面、见解深刻且鼓舞人心的"拥抱"之法。他将经典常识、人情冷暖与当代技术结合，将出色的个性化服务和销售技巧转化为一种艺术。

法比奥·德安吉兰托尼奥（Fabio d'Angelantonio）
诺悠翩雅（LVMH 旗下顶级品牌之一）首席执行官

　　几年前我和杰克相识，他颠覆了我看待客户的方式。情感联系并不是销售的一部分，它就是销售本身！情感联系是呼唤温暖和提高洞察力，它饱含人性，历久弥新。而通过"拥抱"建立起的情感联系，往往要比达成销售目标更重要。感谢杰克教会了我这个道理！

乔什·韦斯顿（Josh Weston）
自动数据处理公司（世界最大服务提供商之一）

　　杰克在"销售"这个专业中开设了一门热情洋溢的研究生课程。

克里斯托弗·琼斯（Christopher Jones）

艾美奖得主、网络电视记者兼评论员

　　杰克·米切尔是个天才。虽然我们不是天才，但我们仍能从他的见解中获得启迪。我相信这本书中阐述的道理不仅能让我们变成更优秀的销售员，还能让我们成为更好的人。

哈利·保罗（Harry Paul）

企业文化专家

畅销书《鱼市工作法》（*FISH! A Proven Way to Boost Morale and Improve Results*）合著者

　　我和杰克相识已经超过 15 年了。在这十几年里，我慢慢了解到他是一个多么出色的商人。如果你能将他在书中阐述的"拥抱销售法"予以实践，我会感叹你的明智。相信我，他的建议可以让你在未来的几十年内立于不败之地。

権威推荐序 HUG
SELLING THE
YOUR CUSTOMERS WAY

实现业绩倍增的"拥抱"哲学

杨绪强
鲁商集团有限公司副总经理
山东鲁商科技集团有限公司董事长

一直以来，我都是《拥抱你的客户》的忠实拥趸。近期作者杰克·米切尔推出新作《拥抱你的客户2》，我幸得朋友邀请，为本书作序，连夜拜读，唯恐辜负朋友重托。

如果说《拥抱你的客户》是杰克·米切尔的商业理念和销售案例大全，那么《拥抱你的客户2》就是教你如何"拥抱客户"的实操手册，是实现业绩倍增的必胜宝典。

我做企业管理几十年，管理过几百人的小公司、上千人的连锁门店，也管理过十几万人的集团，无论公司规模大小，其首要任务就是销售业绩的提升。

研读了杰克·米切尔的《拥抱你的客户》后，我深度分析了书中的 60 个三代传承的经营秘籍，在实践中借鉴了书中的 100 多个一线销售实例，又结合所管理企业的实际情况，创新了营销方式，改善了激励机制，终于实现了公司业绩的连年倍增。

只要用对方法，企业经营管理并不难，《拥抱你的客户》和《拥抱你的客户 2》中就有能让你实现业绩倍增的方法，只要你相信，并坚持做下去。

《拥抱你的客户 2》全篇都洋溢着温情、付出、热爱和共赢，杰克的所有做法都是为了让客户感到舒服、开心、被尊重。比如，努力记住客户的兴趣爱好和其家庭成员以及宠物的名字；提供免费咖啡或饮料；哪怕客户在异国他乡也可以免费送货上门；休息日也可以为客户开门服务等，所有这一切都是按照客户希望得到的方式去对待他们。

杰克还强调，不要急于寻找下一位客户，不要频繁看到没到午休或下班的时间，要全身心地投入到面前的客户身上，培养耐心的美德。你的"情绪智力"越高，客户实现从"被营销"向"我要买"转变的速度就越快。

书中的案例大都是接待客户的过程中发生的一件件小事，比如销售过程的每个节点需要如何与客户共情，如何个性化联系客户、服务客户，如何尊重客户、愉悦客户的心情，如何打动客户实现连带销售，如何为客户创造舒适的环境等，但当这么多数不胜数的小事汇聚在一起时，往往就有了撼动乾坤的力量——

你照顾客户的情绪，客户照顾你的生意，无论竞争环境如何，销售方式怎么改变，始终不变的是你的生意蒸蒸日上。

服务行业不可能天天都有惊天动地的大事，有的只是如何通过产品和服务满足客户的需要，愉悦顾客的身心，进而促成每一笔交易，最终实现企业的可持续发展。

这本书把销售的全流程、各环节、多场景都叙述得极其生动、详尽，所有操作方法都环环相扣，极具实操性，所有注意事项都清晰罗列，是一本详尽的销售培训手册。我和杰克一样，始终相信口碑就是最好的广告，被你感动的客户是最好的后勤保障员、最能干的理货员，更是最好的宣传推广员。

杰克说："没有棘手的客户，只有经验不足的销售员，服务的最高境界就是得到客户的回馈。"只有你的服务打动了客户，超出了客户的期望，客户才能对你印象深刻，才能把他的购物经历当成故事口口相传。

"服务的最高境界就是把客户变成挚友，使他成为你的终身客户"。一朝客户，终身朋友。当客户成为你的朋友，他就会在你生病时看望你；在你忙碌到吃不上饭时，悄无声息地给你买饭；在你遇到喜事时为你感到高兴；在你遇到困难时义无反顾地为你排忧解难。不需要推销，不需要降价，开单就好。

好的服务需要员工提供。

企业就像一棵苹果树，员工是根，客户是土，只有根和土紧紧拥抱在一起，才能保持大树的稳固，才能为大树供应营养，才能保

证结出果实。企业管理者不应逼着员工天天摘果子，应该鼓励员工和客户拥抱在一起，相互满足、相互成就，结出硕果只是时间问题。相反，如果根不能从泥土中汲取营养，不要说结不出果实，恐怕过不了多久大树就会枯死。善待你的员工吧，对企业来说，员工是首先要被善待的，没有激情的员工，怎么能为客户提供热情的服务呢？

杰克认为，在一个团队中，所有人都要参与到销售的过程中。这和我提倡的全员营销不谋而合。每个岗位的工作人员都有营销的义务，都有服务客户的责任，只要你是真心对待客户，一个简单的微笑，就能对一笔交易起到助益。

杰克说，团队中每个成员都应该成为销售的一部分，这种人性化哲学才是本书的精髓，希望各位读者在阅读后，能真正理解并受益。

2023 年 3 月

将关怀文化与销售流程链接
实现爆炸式增长

　　大约 50 年前，我在美国新英格兰的医学研究所工作，那是我成年之后的第一份工作。我的主要职责之一就是为一个非营利组织筹集捐款。为了筹集捐款来维持基础医学研究的发展，我不得不尝试着将研究所中科研人员的项目出售给富人。

　　这些富人大多数比我年长得多，经验也更加丰富。有些人有自己的基金会，因此，我还得去说服基金会的董事和企业慈善委员，更不用说获得美国国家科学基金会和美国国立卫生研究所这些政府机构的代表的支持。我甚至还去中央情报局拜访过，不过比起听我耍贫嘴，那里的工作人员显然有更重要的工作要完成。

　　从小到大，大家都说我是非常热情的人，也有人说我的热情让人有些招架不住。而且我有一种与生俱来的紧迫感，因此，当我试图劝说捐赠者向研究所提供捐款的时候，我常常会被自己的热情冲昏头脑，以至于花了很长的时间才真正了解到募捐的技巧。

有一次，我正在游说一位潜在的捐赠者。我上下挥动着手臂，激动地讲述着科学家如何从鲨鱼身上提取脂质，并将它注射到小白鼠的体内，以此研究治疗癌症的方法。现在回想起来，可能我的独角戏刚刚进行到一半时，对面的人就已经被我说服了，他只想知道"我应该捐多少钱"以及"向谁开支票"。

虽然起步很成功，但还是和我预想的成功存在差距。接着，一个值得纪念的日子到来了。负责筹集捐款业务的一位精明老前辈在耐心听完我的演讲之后，毫不犹豫地把我拉到一边，用手指着我的脸，说道："杰克，你听着，永远不要失去你这种孩子气的热情。你的情感很充沛，但你对销售的过程一无所知。"

好吧，显然他引起了我的注意。我知道自己是个新手，但从未意识到自己有这么差。他告诉我，销售是一个可以分解为多个阶段的过程，并耐心解释了每个阶段该如何进行。他强调销售过程必须完全真实、公开、透明、真诚。他向我传递的这些信息非常有意义，因为它们成了我的价值观。

我记住了这些过程并勤加练习，直到它们成为我的一部分，成为我销售基因的一部分。我的业绩有了很大的提升。随着时间的推移，我为研究所筹集了相当可观的资金，这种进步极大地提升了我的自信。更重要的是，因为资金的投入，科研有了显著的成果，捐赠者也对自己的慈善投资感到物有所值。

成功可以是一种"三赢"的局面。在这个过程中，捐赠者、研究所和科学家，以及我本人都各有所得。这种感觉让人焕然一新。它不仅永远改变了我对销售的看法，还让我决定在米切尔服装连锁店的运营中使用这种销售方式。

要成为能实现"三赢"的优秀销售员，就要遵循一种销售哲学。这种哲学可以通过一个过程来表达和呈现，但过程又无法完整地诠释这种哲学，它更是一种接近客户、真正理解客户并与他们建立联系的心态。你需要让客户感受到你是真的很关心他们，这一点能给客户带来绝佳的体验。

人生就是一个大卖场

为客户提供卓越服务，对他人表现真诚关怀。这是我一生都在遵循的理念。不仅是在工作上，生活中的每一天我都在身体力行地贯彻这个理念。简而言之，它不仅仅是一种工作方式，更是一种生活方式。

在我加入了家族企业并成为领导者之一后，我就开始打造和阐明自己的销售流程。我将它分为五个阶段，并在后期增加了一个"额外阶段"，以便在未来建立新的销售关系。

随着对销售的了解越来越多，我也在不断改进和践行自己的理念，并将从家人、合作者和网络上学到的想法加进去，直到建立起自己独特的销售方法：以"拥抱"的方式实现销售。

我反复演练这个过程，不仅是在销售服装的过程中，更是在和供应商、银行家谈判及收购企业的过程中，我发现自己越来越喜欢销售了。这个技巧也被家族中的其他人掌握了，尤其是我的哥哥比尔！

随着时间的推移，我也意识到每一笔销售都凝聚着情感和智力的双重努力。大多数时候，情感的联系显然更为重要。一个微笑、一杯热咖啡，或者一个关于客户家人的友好问题都能形成这种联系。我们积极接收客户的非语言信号和倾听客户的口头回应，都是为了实现这个人进入店铺的最终目的——买衣服。

当然，在销售过程中，关于产品知识的部分也至关重要。你要知道最好的羊绒是蒙古山羊的底毛，还要知道红色是不是当季的颜色、棕色绒面革鞋今年会不会过时等。幽默和共情会在人际关系中发挥重要作用，巧妙使用这些调味料会让销售过程变得非常有趣。它们对于销售过程来说不可或缺。

回想起来，还有一个让我难以忘怀的关键时刻，那就是当我意识到销售对企业价值来说究竟意味着什么的那个瞬间。

那是 1985 年，我四个儿子中的老大拉塞尔在毕业前一天突然来找我。当时我确信他会凭借自己的天赋和头脑进入工程行业、信息技术行业或金融行业。

显然，我们的家族企业从来没在候选名单里面，因为根据家族的规定，成员必须在其他地方工作五年才能加入我们的家族企业。

"爸爸，我真的很想去 IBM 做销售。"他这样告诉我。

我有点吃惊，心想，拉塞尔这家伙有点害羞和矜持，我从没想过他会去做销售。

"哇，拉塞尔，你主修工程学，辅修计算机科学。为什么想去做销售呢？"

拉塞尔马上回应道："这很简单，还记得我高中在米切尔服装连锁店打工的时候你对我说，'生活中的一切都是销售'吗？你还跟我说，我的销售技巧很糟糕，需要认真倾听，学习如何销售！我对很多公司进行研究后，发现 IBM 是世界上最好的销售公司！"

拉塞尔接受了 IBM 的面试，并在成功通过后被聘往波士顿从事销售工作。5 年来，他一直在销售 IBM 计算机，业绩非常不错。他赢得了各种奖项，并切身了解到，商业中的一切确实都是围绕着销售展开的。

那时的我笃信生活中的一切都是销售，直到今天我也是这样坚信的。我们的许多客户、设计师和供应商都说米切尔是一台运转良好的销售机器。著名的服装设计师迈克尔·科尔斯（Michael Kors）曾对我说："杰克，没人能比你和你的团队做得更好。"

虽然我们团队的许多成员都不会在销售区露面，但他们都清楚地知道，客户才是我们宇宙的中心。

我们总是说，客户至上。每当谈论我手下的销售员时，我都喜欢说他们一直在"全力以赴"。因为无论员工在企业中扮演着什么角色，我们都同样有着"客户至上"的心态。

从某种意义来说，我整个人生都在一个大卖场里。我时常沉浸在一种卖家的思维之中，并诚心诚意地享受每一分钟。我不止一次地意识到，销售的独特乐趣可以让人生更加多彩。

在关怀文化中找回销售的乐趣与价值

1958 年，我的父母开始创业，当时我们在康涅狄格州韦斯特波特拥有一家不到 80 平方米的小商店，里面只陈列着三套西装、几件衬衫、几双袜子，还有一个妈妈从家里带来的、永远倒不空的咖啡壶，营造着一种宾至如归的温馨感。

我们的第一批客户是家人的朋友。后来，我们通过当地的电话黄页和圣诞节名单寻找新客户。今天，我们成为一个横跨美国东西海岸、延续了三代的家族企业。我们的总店坐落在康涅狄格州格林威治，我们的分店遍布西弗吉尼亚州的亨廷顿，加利福尼亚州的旧金山、帕洛阿尔托，俄勒冈州的波特兰和华盛顿州的西雅图。我们的年销售额超过 1.25 亿美元，雇佣了 400 多名员工。

虽然我们是一家老式家族企业，但我们却向美国各大领先企业的高管人员销售着世界上最时尚的产品之一。

在我的第一部作品《拥抱你的客户》中，我介绍了我们的业务，以及如何通过"拥抱"来提供卓越的客户服务。**所谓的"拥抱"是一种隐喻，象征着我们与每位客户建立的个性化关系。**

在我的第二部作品《拥抱你的客户 2》中，我又谈到了如何有效雇佣，并培训我们的优秀员工。在这两本书中，我都解释了销售的基本过程，即成功完成交易、与客户建立联系、挖掘每笔交易背后的关系，以及销售如何成为我们企业的核心和灵魂。

这是一本关于销售心态和过程的书，展现了关怀文化中销售的乐趣和价值。

销售员向客户或其他商户销售商品，更确切地说，是客户从销售员处购买商品，商品可以是一台烤面包机、一辆车、一筐萝卜、一套细条纹西装，这是一种最基本的经济行为，却能构建成一个忙碌而庞大的行业。

关于销售的书数以万计，教授销售技巧的机构车载斗量，无数励志演讲专家就如何销售举办各种各样的研讨会。

然而，尽管人们围绕着销售建议催生出一个巨型行业，但大多数销售员的工作往往非常低效。

在我看来，大部分销售员都是一台无名的机器，只会对顾客的要求做出特定的反应。在你抛出一个问题后，他们会帮你找到对应的产品，比方说，一部白色的 5G 智能手机、一件宽领的衬衫。他们会收款，把你买的东西装到袋子里，告诉你下次再来。

这种千篇一律、单调乏味的销售方式让他们错失了大量的机会。因为他们从未在个人、情感或知识层面与客户建立联系，从不会费心倾听或了解客户的任何信息。他们甚至不知道客户的名字，更不用说客户的昵称了。

在我看来，他们的工作毫无乐趣，至少看上去趣味有限。我在其他地方购物的经验是，销售员经常对他们的销售成果感到失望，但却没有采取任何改进的措施。他们只是作为观察者对销售冷眼旁观，而不是作为能对销售产生影响的一员参与其中。

另一类销售员则是"咄咄逼人"型，没错，咄咄逼人，以至于惹人厌恶。他们喜欢强买强卖，会在商店或汽车经销商店周围粘着你，向你游说、施压，直到你掏出腰包，或逃之夭夭。你会从这种人手里买东西吗？

埃哲森咨询公司最近进行了一项研究，结果令人震惊。他们对全球 27 个国家的 20 个不同行业的消费者进行了调研，结果显示有 66% 的客户因为体验欠佳而更换了服务供应商。这个比例实际上应该更高。许多客户会出于惰性而沿用原供应商，也有人不知道如何换新的供应商，或不知道还有什么更好的选择。

大多数转投他方的客户并不是由于产品质量差或价格高昂，而是因为他们在新供应商身上找到了曾经缺失的体验，也就是发自真心的关怀和信任。

实现多赢的销售流程：拥抱客户的"5+1"阶段

正如我之前所说的，我们的销售流程包括 5 个基本阶段，还有一个额外阶段。我把这个额外阶段称为"多行一善"（One For Good Measure）。这是我从妈妈那里听来的一种说法，是她从外婆那里继承过来的，算是老一辈的流行语。但它体现了我们的理念，即应该尝试着为客户做一些额外的事情。

销售员并非千篇一律，无论是个性还是风格。我们的流程赋予使用人员相当高的自由度。实际上，我们麾下的大多数销售员也不是在按部就班地执行这些流程。即便是在我们自己的商店中，我们也不会给这些流程贴标签。但在我看来，销售员每天都在身体力行地运用这些流程，并通过"拥抱"的方式来学习如何关怀客户的心态。

虽然我们店铺销售的是西装、连衣裙、鞋子和胸针，但这些流程是通用的，我相信它们可以应用到所有的销售行业中。

这五个阶段，准确说来是"5+1"阶段：

1. 与客户建立联系。

2. 解码任务。

3. 展示和分享。

4. "允许"购买。

5. 吻别。

再加上一个额外阶段：多行一善。

我们的流程根植于销售员积极主动的热情服务，核心是从客户出发。我想说的是，优秀的销售员从不卖东西，他们鼓励客户，并"允许"客户向自己购买。

大多数企业以产品为中心，而我们以客户为中心。请不要误解我的意思，产品仍然很重要。企业如果无法在正确的时间，以正确的价格向客户出售优质的产品，就无法培养客户的忠诚度。因此产品至关重要，但客户才应该是销售员的关注点。客户至上不仅是我们的使命、宣言，还是经营的核心。

而这正是我们崇拜技术、信息和数据的原因之一。我们以数据为导向的销售模式，赢得了同行业人员的敬佩和艳羡。我们旗下的销售员能在征得客户许可的前提下，不断倾听和积累客户的有关信息，深入了解客户，与客户建立私人且专业的关系，根据数据采取行动，为客户创造一个舒适的购买环境。

很少有人能够意识到数据显示的肤浅信息中蕴藏着巨大的商机。我们善于利用大量的数据，它不在我们的脑海中，也不在口袋中的纸片上，它在我们的计算机中，通过精密的方式组织成一套系统。

我们还坚信，在停车场挥别并不是销售的终点。通过跟进、照顾和"喂养"客户，买卖双方能发展出情感联系，这对我们的销售文化来说也至关重要。

正如我的侄子赫里斯在我们家族企业成立 50 周年的纪念视频中说的那样，"我真的很喜欢和人打交道"。当你将这种潜在的关怀文化和销售流程链接时，就会产生爆炸性的效果。

这种心态不仅是销售的基础，也是销售的催化剂。销售包含三个要素：客户、销售员和业务。在任何时间点上，某个要素都有可能占据主导地位，但我们的目标是随着时间的推移，使三个要素归于平衡，并都处于有利地位。

当三个要素归于平衡后，这种协同作用就能产生"三赢"的结果。显然，有时其中一方会赢得更多，但依然是一种不错的结果。可是，如果有人输了，这就算不上是一次成功的销售了。

正如我们家族第三代联合首席执行官拉塞尔和鲍勃所说，"快乐的同事，加上快乐的销售员，等于快乐的客户和快乐的企业"。这种融合了关怀文化的销售过程形成了巨大的商业回报，同时也丰富了客户和销售员的生活。

对于一些人来说，这个过程并不仅仅意味着一种独特的销售方式，更意味着一套与众不同的销售思维模式。正如我哥哥比尔所说的，"这次是客户，但永远是朋友"。

我可以很自豪地向你保证，这个销售过程绝对有效，并且有充分的证据证明，我们在财务上取得了巨大成功，不仅从严重的企业衰退中走了出来，还实现了向美国西海岸的扩展。

我一生中的大部分时间，尤其是早年间，都生活在和销售有关的场所中，与真正的客户沟通闲聊，试图满足他们的需求，实现他们的愿望。因为除了和他们零距离接触，我想不到其他服务客户的方式，我的顾客总开玩笑说其实我才是店里的领班。不管业务有多繁忙，我仍会身体力行地协助销售员做好营销。

因此，我所提出的这个销售方法不仅基于我们家族五十多年的销售经验，更是在日复一日的实践中磨砺出来的。

销售的第一条规则：你必须在现场！

我坚信我们的销售经验适用于所有的行业，这第一条规则是重中之重，怎么强调都不为过。是的，虽然我们做的是服装生意，但归根结底做的还是"人"的生意。即便是想通过互联网销售蓬勃发展，这个销售规则也同样适用，仍需遵循。

我一直觉得这种销售方法是一种尝试，但可惜并没有多少销售员真正去执行。从某种意义上来说，成功的销售员是艺术家、作家和诗人，他们能使用简单的语言来识别客户的需求，满足他们的愿望，让他们的购买行为变得愉快。对客户来说，这意味着享受购买的乐趣，而不是忍受被推销的压迫感。

这本书会向你分享我们成功销售的经验，帮助你成为一名充满激情的销售员。它适用于那些一心想从事销售工作的大学生；适用于在销售岗位上深耕了 2 年、10 年，甚至 50 年，但仍在寻求突破的销售员；适用于想要带领员工提升业绩的销售经理和刚开始创业的企业老板。

总而言之，它适用于任何想要通过销售来获得乐趣和成功的人。

目　录 SELLING THE **HUG** YOUR CUSTOMERS WAY

第一部分　**销售员的价值与尊严**
一切荣耀，皆归功于销售员

第 1 章　**真正的销售是一场没有输家的合作**　2

每个人都是销售员，都在努力销售自己　5

赢得销售不是目的，重要的是赢得信任和尊重　7

第 2 章　**优秀销售员需要具备哪些特质**　13

7 种宝贵品质，让你找准定位　15

以"关怀"为核心价值观，利润会随之而来　26

理性分析，感性成交　28

第二部分　**拥抱客户的"5+1"阶段**
覆盖全流程、各环节、多场景

第 3 章　**阶段1：与客户建立联系**　34

25 秒原则：给客户留下良好的第一印象　37

7 种非语言交流，让你从情感层面打动客户   43

别说"我能帮助您吗？"   50

准确叫出客户的名字   51

学会使用"免费"策略   54

先满足客户所有需要，随后销售   57

没有"该你上"机制，也没有"佣金"机制   58

掌握主动权，而不是等待客户的召唤   61

不是客户上门，而是朋友来访   62

客户提出的任何要求，答案都是"没问题"   65

第 4 章   阶段2：解码任务   68

不要"以貌取人"，任何人都是潜在客户   70

寻找解读客户的线索   71

如何快速找出客户的"任务"   74

你评估客户时，客户也在评估你   76

两步原则：带着紧迫感聚焦前方   77

分享领地，让客户宾至如归   79

跟随客户的节奏，成为客户的"镜像"   81

用好耳朵，比用好嘴巴赚得更多   82

"探测"与客户建立长期联系的方式   87

如何让客户从"被营销"转向"我要买"   92

建立信息系统，有效预测客户需求   94

不要出现连续上门 40 年的"新客户"   99

尊重客户的边界   102

不要让客户觉得自己"很次要"   103

第 5 章	阶段3：展示和分享	110
	不要强行推销，要与客户合作并建立联系	112
	要比客户和互联网更了解你的产品	114
	注意同类热销品特征，洞察特定客户的偏好	119
	不仅要展示产品，还要展示附加服务	121
	好的展示不仅能满足客户需求，还能预判客户回应	123
	找到决策背后的"影响者"	125
	如何赢得客户的信任	128
	如何巧用"感觉营销"	134
	根据客户差异选择最佳应对技巧	138
	投入其中，享受乐趣	143
	找到专属于你的优势成交法	145
	用正确的方法不断练习，才能完美执行	147
	如何在舒适区和变化之间取得平衡	150
	接受所有仪式感	152
	如何让客户瞬间脱离"寻找状态"，进入"购买状态"	154

第 6 章	阶段4："允许"购买	156
	永不拒绝，永不言败	158
	你的自信对交易达成至关重要	161
	如何降低价格在销售中的影响	164
	如何巧妙地请求结单	168
	在客户进入"购买"情绪后，至少敲定一笔生意	171
	善于说"我需要帮助"的销售员总能达成交易	173
	如何打动客户实现连带销售	176

要超越客户期待，但不要过度承诺　　　　　　183

用"想象"做好预演，从头到尾，事无巨细　　　184

第 7 章　　阶段5：吻别　　　　　　　　　　　189

结账也要个性化　　　　　　　　　　　　　　190

送别客户时需要注意哪些细节　　　　　　　　194

如何获得再次联系的机会　　　　　　　　　　195

三次神奇体验，打造"超级客户"　　　　　　　198

对所有客户一视同仁　　　　　　　　　　　　202

如何给客户留下良好的最后印象　　　　　　　204

如何赢得客户的真诚推荐　　　　　　　　　　206

第 8 章　　额外阶段：多行一善　　　　　　　209

在获得许可后，保持亲密联系　　　　　　　　211

与客户做好预约，能让你获得更多订单　　　　214

拨打能够传递温暖的电话　　　　　　　　　　216

赠送超越客户期望的礼物　　　　　　　　　　218

5 个步骤搭建暖心通信　　　　　　　　　　　222

禁忌也是有的，但别上纲上线　　　　　　　　224

用"附加服务"打动客户　　　　　　　　　　226

令人难忘的细节，是赢得客户的终极秘诀　　　229

如何将线上线下相结合，打造个性化服务　　　231

设定例行程序，明确任务优先级　　　　　　　235

深化与客户的私人关系　　　　　　　　　　　238

始终保持销售状态，不断寻找开拓新业务的机会　241

第三部分　让"拥抱理念"成为销售文化
每个人都是赢家

第 9 章　**团队所有成员都要成为销售的一部分**　246

　　销售是一种相互依赖的关系　248

　　如何让团队中的每个人都能取得更大的成就　250

　　管理者如何为团队提供支持　253

第 10 章　**适用于所有行业的"拥抱文化"**　256

　　餐饮行业如何拥抱客户　257

　　保险行业如何拥抱客户　261

　　服务行业如何拥抱客户　265

　　零售行业如何拥抱客户　270

后　记　275

致　谢　281

SELLING THE
HUG
YOUR CUSTOMERS WAY

第一部分

销售员的价值与尊严
一切荣耀，皆归功于销售员

"拥抱客户"的流程

充分赋予销售员价值和尊严，

他们位于销售金字塔的顶端，

是企业的国王和王后。

第 1 章

真正的销售是一场没有输家的合作

孩提时，我曾和父母一起在百老汇看了《音乐人》(*Music Man*)，后来，又在我们当地的剧场看了一遍，直到最近，我还在电视上看了老电影的版本。每次观看的时候，我都不由得赞叹，这部剧真的抓住了观众心目中销售员的精髓：一边冲你友好地微笑，一边把手伸进你的口袋。

我的脑海中总能闪现出剧中的哈罗德·希尔(Harold Hill)，他脸上总是挂着假笑，浮夸而狡猾，兜售乐队专用的乐器和演出服。他边伴随着 76 支长号唱歌，边从不知情的市民那里骗取积蓄的场景，深深刻在了我的脑子里，直到现在都甩脱不掉。

随着我逐渐长大，这印象先是让我难过后来又让我恼火。直到走到生命的尽头，哈罗德·希尔都没搞清楚销售到底是怎么一回事。

可能你在上次购买电视、汽车或公寓的时候，就碰到了像他一样的销售员。

在介绍销售技巧之前，我想替饱受诽谤的销售员稍微做个辩护。在我们的既定印象中，销售员都是虚伪的艺术家，似乎他们和"真相"这个词压根就不沾边。和销售员有关的笑话总是层出不穷。

> 一位房产经纪人卖出了一块土地，却发现这块地产早已被海水淹没，便向自己的老板抱怨道："我得把钱退给客户。"老板却说道："什么，你疯了吗？赶紧去卖给他一艘游艇！"

可能现在的销售员都没怎么听过"蛇油销售员"这句俏皮话。我还特意查了一下，这个词竟然能追溯到18世纪末。一种取自水蛇的药膏据说能有效缓解关节疼痛。为了促进销售，销售员会给顾客免费派送小样，对这种毫无药用价值的药膏夸夸其谈。

还有一种说法让我很不齿。有人说，伟大的销售员能把布鲁克林大桥，甚至金门大桥卖给任何人。这种描述听上去不像是在形容销售员，反而像是在说一个骗子，这两者之间有着巨大的差距。

玛丽莲·瓦拉克（Marilyn Wallack）是米切尔服装连锁店女装部最成功的销售员之一。她曾经告诉我说，自己最不喜欢被人贴上销售员的标签。她担心客户会对自己产生一种固化的印象：强买强卖、根本不了解产品，只想促成销售赚一把快钱。因此，她更希望别人称自己为"礼宾造型师"。而我的建议，则是让她把这个头衔印在自己的名片上。

我们另一位销售员则喜欢别人称他为"私人购物助理"。我敢打赌，在我们店里，每个人都有六七个不同的头衔，但没有一个是"销售员"，因为我的员工会下意识地否定这个称呼。

竟然有这么多人将"销售"视作一个贬义词，这一点让我尤为困扰。在米切尔服装连锁店中，我们提倡一种完全不同的销售方式，即充分采纳其他人，尤其是客户，对销售方式的崭新定义。我们一直在尝试做正确的事情，我知道我们并不完美，但我们一直都在努力变得更好。

我们推崇热情的个性化销售，但这必须以真诚为前提。毕竟，我们对未来有很高的期望，希望客户能一次又一次地回购，成为我们的朋友，并一生忠于彼此。

销售员不是洪水猛兽，不该避之如蛇蝎。客户讨厌的是糟糕的销售员。但不幸的是，我们身边有很多这样的人，即便你因逃避糟糕的销售员而选择网上购物，也会绝望地发现，网络上也充斥着这些人的身影。

通常，顾客会对销售员保持高度怀疑的态度，并因此进入一种"防御模式"，在互动的过程中保持警惕。这是他们应对自私自利的销售员以及不良互动的自然反应。

在这种情况下，他们感觉自己被强制消费了，而不是出于自身意愿进行的积极购买。只有正确认识到客户的这种心理，我们才能突破客户的防御机制。你如果能让客户感受到你的心态和企业文化保持着一致，就能赢得他们的信赖，甚至能和他们成为一生的好友。

每个人都是销售员，都在努力销售自己

我觉得销售是个高尚的职业，销售员是一种宝贵的资源。毕竟对所有企业来说，销售都是不可或缺的关键环节。如果没人销售，那产品做得再好、宣传力度再大又有什么用呢？美国证券交易委员会前主席亚瑟·莱维特（Arthur Levitt）曾告诉我，他的父亲对他说："你只要还能销售，就永远不会饿肚子。"

销售员向客户证明为什么买他的真空吸尘器才是正确的选择，律师向客户推荐解决棘手法律问题的最佳方法，这些活动都和销售息息相关。活动的发起者都关心着对方的需求，并通过专业判断将解决方案与顾客的愿望匹配到一起。销售员出售产品的功能和优势，以满足客户的需求和享受。

其实从某种程度上来说，每个人都是销售员。销售是求职的一部分，也是婚姻的一部分，这也正是你人生中最重要的两项销售，无论效果好坏。其实很多人已经将自己销售过好几次了。

> 我只结过一次婚。我把自己"卖给"了琳达，这绝对是我人生中最重要的一笔交易。

每当回想起"初次交易"的那个夜晚时，我都会被迎面而来的幸福击昏。当时我们深深地坠入了爱河，小心翼翼地向对方推销着自己。

我们在日后的约会中逐渐加大"购入量"，彼此的信任和尊重与日俱增，热情也水涨船高。直到双方达成交易，义无反顾地将自己"打包"运送过去，让对方成为自己的终身伴侣。

在经历了长达 55 年的美妙岁月后，我们仍乐此不疲地做着"交易"。

正如我的至交好友，乔治华盛顿大学前任校长史蒂夫·特拉赫滕贝格（Steve Trachtenberg）在我们最近的一次旅行中所说："每个人都在努力把自己销售出去。如果不是这样，可能大部分人死的时候都仍然保持着处子之身，人类这个物种可能在几个世纪前就消失了。"

无论我们在做什么，其实都是在向老板、配偶、朋友和同事推销着自己。如果你想让自己的想法被他人采纳，你就必须做好推销，让它夺人耳目，让人不可抗拒。卖掉它！

如果琳达想去看一部电影，但我想看另一部，该怎么办？那我就会试着向她推销我想看的那部电影。如果她仍坚持己见，那我就吃下她的一记推销呗。

我们每天从早上醒来开始，就在不停地向自己推销一句话：

我能完成自己想做的事，好事快快来，坏事都走开。

每天晚上睡觉前我们会再向自己做一次推销：

哪怕今天没有达到预期，明天也肯定会有转机，或者
今天很美好，明天将会是更加完美的一天。

次日清晨，当你站在镜子面前审视自己的时候，就是在向自己推销自己。我们都是销售员，也是销售团队的领导，因为你要向最重要的人做出汇报，那个人就是你自己！

赢得销售不是目的，重要的是赢得信任和尊重

在我看来，客户对销售员的厌恶感，来自一种销售员和顾客都深深认同的观点，即销售是一种零和博弈。销售员的胜利，意味着顾客的失败。

有赢必有输。但我坚信的是，真正成功的销售是一场没有输家的合作。我猜你现在可能会觉得，这不过是销售员的另一套说辞罢了，但真的不是，至少在我看来不是。

在生活中，爷爷奶奶偶尔会在围棋或象棋比赛中放放水，让五岁的孙子尝尝获胜的滋味。我总是说，"赢比输更有趣。"销售并不是我们的目的，更重要的是要赢得客户的信任和尊重，让每

个人都能开心地离开，感觉自己就是这场游戏中的赢家。

你的心态，将在极大程度上影响你对"赢"的定义。对输赢的认知，将在很大程度上决定你的销售方法和风格。如果你仅仅把"获胜"肤浅地定义为"达成交易"，那你可能会在一次交易中大获全胜，但根据我的个人经验，这样做往往意味着失去回头客，甚至失去一位真正的朋友。

毕竟，如果你总想着如何与顾客竞争，压对方一头，又怎么能与对方发展成终身的朋友？如果他们每次都在你这里品尝到失败的受挫感，又怎么会继续和你做生意？

雷·里佐（Ray Rizzo）曾是我们企业咨询委员会的重要成员，也是我的好友。他向我分享了自己在宝洁公司担任经理期间的一次经历。那次他去拜访一位重量级的百货批发商。在拜访之前，其实双方的关系已经剑拔弩张了，但他坚信，凭借自己对业务清晰的认识和理解，足以解决这个问题。

雷·里佐上来就是一顿滔滔不绝的讲演，几乎没给对方任何发言的机会，而这种行为彻底激怒了对方。对方粗鲁地打断了他，接了一通电话。雷几乎就要放弃了，但这时他发现对方的态度和肢体语言表现出了 180 度的大转变。电话的另一边是批发商的邻居兼好友，他们亲切交谈，并很快就某个问题达成了共识。

此刻的雷·里佐醍醐灌顶：他突然意识到，其实自己完全可以对方朋友或邻居的身份出现，而不是作为批发商的对手。当批发商挂断电话后，雷·里佐诚恳地道了歉，并请求重新沟通，随后双方才展开了真正的讨论，并取得了突破性的进展。随着时间的推移，两人还建立起了和谐的合作关系。

销售员一贯的想法，是客户并不清楚他们想要什么，而自己有着"教育"客户的责任。而事实上，销售员其实也不清楚客户究竟想要什么，也没搞明白自己掌握着什么。客户不需要好为人师的对手，他们希望对方像友好而健谈的邻居一样，和自己平等对话，一起倾听和学习，而不是单方面被训诫。

这就是我们将"拥抱客户"的哲学极力融入销售的原因。不过要记住，**所谓的"拥抱"只是一种比喻，它是一种心态，而不是肢体行为。你要用"拥抱"的心态去触动客户的思想和灵魂，为客户提供超出想象的服务**。

"拥抱"可以是微笑，可以是眼神交流。即便你只是第二次见到这位客户，你也可以像老朋友一样叫出他的名字，即便客户有5个孩子，你也可以说出他孩子的姓名和年龄，询问他们的近况。它还可以是一个击掌，甚至是一个熊抱（如果你和客户相熟且对方不反感）。

不要忘记，这些"拥抱"不会花上一分钱，它们是免费的，但作用却很强大。

优秀的销售能同时取悦买卖双方

在我看来，如果销售员能够通过一套完美的流程来完善销售技巧，不仅会在情感和知识上得到丰富，还能从财务方面，甚至人生的各个方面获得助益。当你用"拥抱"的方式对待客户的时候，自己也会变得快乐。

如何在工作中获得快乐是我一直以来都很关注的问题，多年以来，许多客户都向我发过牢骚，说不喜欢自己的工作。还有人说，"我恨我的工作"。但我有一位出色的同事伊伦·瓦斯（Iren Vass）却在自己办公室立起一块牌子，上面写着"我爱我的工作"。

盖洛普咨询公司（Gallup）最近的一项研究显示，美国职员中有 70% 的人讨厌上班，或者对自己的工作毫无热情，只是枯燥地重复着无聊的动作。只有 30% 的人乐在其中并受到了启发。造成大多数人对工作不满的主要原因，是他们感觉自己没有受到管理层的重视，从未获得过表扬和肯定，觉得自己一文不值。

说到销售员，我还有一些别的想法。在许多零售企业中，销售似乎是一种底层职业，客户和企业经理才是被关注的焦点，这好像是一种理所当然的结论，但在我们的企业中，情况大不相同。

我们的销售流程大获成功，最强大的基础之一就在于，我们相信销售能推动一切。因此，销售员才是企业最重要的成员，他们理应在企业经营成功时享有应得的荣誉。

在我们的商店中，你经常能听到一句话："一切荣耀，皆归功于销售员。"我们的流程充分赋予销售员价值和尊严，他们位于销售金字塔的顶端，是我们的国王和王后。如果没有他们的销售，我们的企业就无从谈起。因此，他们完全配得上所有的赞誉，只要销售团队工作出色，我们就会想方设法进行庆祝。

　　我为自己是一名销售员而自豪，所有销售员都应该为自己的身份感到骄傲和自豪。

　　从其他店铺跳槽到我们这里的销售员都表示，这对他们来说是一次企业文化的冲击。以往，他们所在企业的文化都是"产品驱动"。在这样的氛围中，企业高层更看重产品，而不是销售员和客户服务。

　　销售员都很羡慕客户，因为客户才是产品驱动场景中的国王和王后，自己则什么都不是。除非去检查产品陈列的情况，否则高层人员很少，或者可能压根没有亲身到销售场所去过，甚至也从未见过自己的销售员和顾客。

　　在这里我需要补充一点，尽管我们极力强调销售员的重要性，但这并不表示其他岗位就可有可无。事实上，我们的销售员总是能放心地把后背交给其他合作人员，比如顾客、裁缝、信贷专员，甚至是店主。因为销售依赖于团队的合作，每个人都在做销售。

　　哈里·罗森是我在加拿大的好友，他也是一位伟大的零售商。他对"拥抱客户"的销售流程了如指掌。他告诉我，销售就像是一枚硬币：

　　　　一面是对人的热情，是一种期待在和每位独特客户的互动中学习新知识的渴望；

　　　　另一面是对产品的热情，你要对每件商品的独特功能和优势如数家珍，这样才能确定它与客户的匹配程度。

当硬币的两面都发挥作用时，你才能领悟到"拥抱客户"这种销售方式的真谛。我不得不对老友发出赞叹：你总结得真对！

优秀的销售员可能会有很多的身份，比如顾问、啦啦队长、购物助理、治疗师、侦探、评估员、导师、面试官、实干家、设计师、父母或是伴侣，但最重要的身份，是朋友。销售员大可以在名片上印下这些头衔。我个人最喜欢的是最后一个。

一个干净利落，又能让买卖双方获得收益的销售流程，称得上是一种艺术。如果你能在获得客户赞誉的同时，又促进了产品的大卖，还借此一举完成了企业的销售计划，这种完美的结果就堪称销售界的帽子戏法了。

当销售进展顺利时，客户会先感谢销售员做出的推荐，后者又会反过来感谢前者的惠顾，而我则会走过去感谢他们两个。很多时候，你从客户身上获得的认可也是一个大大的"拥抱"，这要比赚钱带来的价值大得多。很多人觉得，销售技巧就像魔法般玄妙。他们认为，只要能对照着成功前辈传授的秘籍操作，就会功力大涨，一日千里。如果你这么认为，那我就只能祝你好运了。

销售不是魔法，也不是量子物理，销售是一个简单的流程，你只需要用适当的销售文化支持它，然后始终如一地执行即可。销售本身不是魔法，但如果操作得当，的确能产生魔法般的效果。

在我向你们阐述"拥抱"销售流程的各个阶段之前，我想先阐明"优秀的销售员究竟需要具备哪些特质"的问题，以此帮各位剔除掉其中的一些谬误和谣言。

第 2 章

优秀销售员需要具备哪些特质

我的一个朋友，他有一位好友是个性格开朗的金融产品销售员，事业有成。他们打完了一轮高尔夫球，吃着烤奶酪三明治，话题也渐渐引入到"销售技巧"上。

他的朋友讲起了自己年轻时的传奇经历。

他说道："我曾经把捡到的弹珠转卖给一个街区的孩子，还把抓到的蚂蚁，卖给了喜欢玩蚂蚁农场的朋友，因为我说服了他们，让他们认为我的蚂蚁质量更好。上大学的时候，我去当地的杂货店低价买进可乐和芝士条，转售给那些一顿不吃垃圾食品就心情焦虑的同学；把自己的宠物蜥蜴卖给了一个女孩，告诉她这样能摆脱孤独，没想到她还真找了一个想成为兽医的男朋友，我还把牙膏卖给了装着假牙的人。"

"那你为什么如此擅长销售呢？"朋友紧紧抓着自己的钱包。

"这是刻在骨子里的，天赋这种东西，要么有，要么没有。我可能出生的时候就问过护士，'你想和我做交易吗？'"

多年以来，我常常能听到销售员这样自吹自擂。但他们是真感觉销售天赋是与生俱来的，而不是后天培养的，好像这些技能是刻在 DNA 里面的。我却不以为然。

人们都有自己的天赋，都有些与生俱来的特质，这常常被人称作"硬件基础"，决定了销售员确实是他们的理想职业。当然，也有些人不适合做销售，尤其是社交恐惧症患者。

销售员必备的技能就是和他人互动。比方说在威斯康星州有个年轻人，他非常害羞，以至于他想点餐的时候，还要让远在新泽西州的妈妈帮忙打电话。如果你也是这样，那就最好去做个钻石切割师，或者入殓师。但对大多数人来说，他们如果有意愿和动力，就能掌握相关的技能，感受成为销售员的热情和喜悦。

大家都觉得销售员一定都是性格外向的人，甚至对着电线杆都能聊几句。然而，我手下销售员中的佼佼者却很多都是性格内向的思想家，和你们想象中的外向者大相径庭。我想说的是，很多销售高手性格都偏内向，但他们聪明且有好奇心，有反复倾听客户需求的耐心，并能通过学习记住每位客户的细节信息。

因此，个性和生物学层面的特质并不能作为评价销售员的依据，但我们也曾尝试通过科学的手段来实现这种预测。

几年前，我们和杰尼亚男装突发奇想，准备开发一种性格测试，来预测求职者是否能成为出色的销售员。我们的销售员测试过之后，大家发现，这根本不可能。在外向和内向的两个群体，还有介于两者之间的其他人中，都有极为优秀的销售员存在。

虽然性格与成功并没有什么联系，但无论在哪个行业，我们还是能轻易识别出成功人士的特征。

我相信，随着时间的推移，大多数人都可以通过大量的实践来学习和完善这些品质。我也相信，如果能把合适的人选放置在一个"拥抱"他们的环境中，让他们自由发展，奇迹就会发生。他们与客户、队友和采购团队之间都会产生美妙的化学反应。而这，就是走向成功的时刻。

7 种宝贵品质，让你找准定位

有一种现象，被心理学家和科学家称作"神圣价值观"。它指一种人们无法妥协的价值观，它无法被金钱等物质激励措施所取代，无法被贿赂、威胁等手段所左右。我认为，伟大的销售员所拥有的宝贵品质就是一种"神圣价值观"。

我一直在我的员工和日常生活中遇见的其他销售员身上，寻找这些神圣的品质。

几年前，我特意做了一个决定，即不会和我不喜欢或不认可我价值观的销售员做生意。无论是园丁、药剂师、医生，还是手机供应商，只要他们能把我想要的东西卖给我，信任且尊重我，我就愿意和他们打交道。我可以带着微笑和他们击掌，如果我们足够熟识，我甚至可以给他们一个大大的熊抱。

但每当我萌生这样的想法时，十有八九会以失望告终。我会发现眼前的销售员一直面无表情。因此我知道他并不是真的想卖东西给我，他只是想赚一笔快钱。

我喜欢别人叫我杰克，而不是我的本名约翰，也会要求别人这样叫我。如果他们仍旧叫我约翰，我会转身离去。如果他们不是这样问我："杰克，草坪看起来怎么样？""杰克，现在你车里的全球定位系统（GPS）运转正常了吗？""杰克，你拔牙之后感觉怎么样？"我照样会转身就走。

如果他们能及时跟进，这就表明他们对这件事很上心，我会认为这是一次成功的销售。即便他们做得不错，但如果没给我带来舒适的感觉，那对我而言就不算是销售的胜利。

一旦我得到了销售员的正确对待，我就会兴高采烈地为这些产品和服务付费，并衷心地推荐给我的朋友。

棒球体育作家和统计学家比尔·詹姆斯在对棒球运动员排名的时候，使用过"峰值"和"职业价值"两个名词。所谓"峰值"，指的是球员在某个赛季或连续几个赛季中的最佳表现体现的价值，"职业价值"则反映他长期的表现。拥有"神圣品质"的销售员会有很高的"峰值"，但他们的"职业价值"更为突出。年复一年，一直如此。

那么，这些神圣的品质都是什么？

在我看来，这样的品质一共有七个。

1. 关心他人

2. 值得信任

3. 善于发现

4. 享受忙碌

5. 有执行力

6. 热情洋溢

7. 抱有预期

接下来，我就来逐一解释一下。

关心他人

对我来说，真诚关心他人并尽一切所能给予帮助，这是销售员的核心。想要在销售方面出类拔萃，最关键的是要"以人为本"。

那么在销售过程中，关怀意味着什么呢？通常是一些小细节，比如在周日晚上或打烊后临时开门，给住院的客户、结婚的客户，甚至去世的客户送花。我哥哥比尔常说，"要做正确的事"。有爱心的销售员能甄别出哪些行为是正确的，并立刻去做。他们不会因为尴尬或害怕被拒绝而产生丝毫犹豫。

我相信，关怀是一种技能，可以通过学习来掌握。事实上，你关怀他人的技能学习得越扎实，就越能把这种方法融入自己的价值体系中，它也能更快地转化成属于你自己的东西。

不久前，有一次我提前下班，想到了很久没有联系的两个人。

一个是我住在费尔菲尔德（Fairfield）附近的老友，一个是我远在佐治亚州的表弟。

我整理了一下思绪，然后给他们打了电话。其实这两个电话早就该打了，他们也很高兴能接到我的来电。我能感受到电话线路中的泪水和温暖，这让我感觉非常好。现在我每周日的例行公事之一，就是留出时间来给其他人打电话。

其实每个人都可以这样做。前几天在一次演讲之后，有人来问我对于"拥抱"的看法："你是否觉得自己对客户、家人或朋友的拥抱有些过量了？"我停顿了一下，想了想，回答说，"我不这么认为。"没准是有些超过，但反正没人跟我说过，"够了，可以了"。

值得信任

销售必须坦诚、透明。人们总是问我，"怎样才能让客户信任你和你的销售员？"答案很简单，那就是告诉他们真相。永远告诉他们真相。这意味着你必须言行合一，意味着即便客户对这条裙子爱得死去活来，你也要敢于对客户说"你穿这裙子不好看"。

金杰·柯米安（Ginger Kermian）是康涅狄格州格林威治理查兹分店一位优秀的销售员，对于这种方法，她曾给我举过一个简单的例子："这件衣服不适合你，赶快脱下来，我去给你找一套更好的。"

要是在餐厅，你要告诉顾客今天的豌豆汤不太新鲜；在汽车经销店，你要为客户提供二手车的实际里程数，并告知这辆车曾经撞过四次。

我们有一个用来检测求职者诚信和药物滥用情况的测试，已经用了很长时间。如果候选人没法通过测试，我们就不会雇佣。值得信赖的人，往往会展现出他们的真诚。我的哥哥比尔特别喜欢"真诚"这种品质，我的一位朋友也说，他真正敬佩的人，都是"货真价实的"。

善于发现

优秀的销售员会永远保持旺盛的好奇心。他们不断挖掘、学习、倾听，尽可能地去了解客户。要做到这一点，你需要有一双善于发现的眼睛。这就意味着你要有旺盛的好奇心，并且喜欢提出开放性的问题，一种客户很难用"是"或"否"来敷衍的问题。

杰出的发现者提出的问题，不仅仅关乎客户感兴趣的产品，而是和客户的一举一动息息相关。你永远也预测不到这些信息将在未来发挥多大的作用。

善于发现问题的人有着主动而活跃的大脑。其实大脑和肌肉一样，你越是用好奇心去锻炼它，它就会越强壮。我时常提醒自己，生命充满了无尽的谜团，没有什么是百分之百确定的。这种念头让我一直对身边的事物保持着好奇心。

要成为高效的发现者，就要保持敏锐的观察力，能随时从面对面互动、社交媒体、好友评论或社区新闻中获得线索。

发现者也必须是优秀的倾听者。要多听别人的话，而不是只挑你想听的话。要阅读客户的表情和肢体语言。我一直坚信，倾听、学习和成长是一脉相承的。在与客户的互动中，我们的目标是尽可能多地了解客户的需求。只有这样，你才能从容地向客户出售产品，甚至给他们带来意外的惊喜。

这里的关键点是，你如果能发现客户的差异化需求，就能为客户定制一种个性化销售。如果客户喜欢谈论家庭，那就和他谈谈家庭；如果他们喜欢玉米面包，那你们就聊聊玉米面包。但如果是像我可爱的妻子琳达一样的人，可能你就要稍微费点心了，她不擅长和别人讨论，喜欢自己做决定。对于这样的客户，你需要向她提供一些产品知识，然后以一种非常愉快、专业的方式开启和结束谈话。

享受忙碌

午休时间很长，或喜欢在饮水机旁聊天的销售员，业绩绝不会太好。忙碌意味着你永远闲不下来，意味着你不会主动去浪费时间。你清楚自己的目标，也知道该如何去实现它。

我每天都能看到有销售员在店铺的楼梯上跑来跑去，有时还一次迈两个台阶，这是因为大多数的客户都不喜欢等待。

我的朋友史蒂夫·德雷帕的家人在布洛克岛经营着当地最好的餐厅和酒店，夏天的时候他总是雇佣许多年轻的员工。在面试时，他喜欢快步走进一间小小的办公室，然后转过身来，看求职者是不是能跟上他。如果可以，那十有八九会雇佣他们。他对我说，"他们如果不努力，就没法待在我的团队里。"因为在布洛克岛，忙碌才是新一天的正确打开方式。

无论是阳光普照，还是时局艰难，忙碌的销售员都在快速而专注地努力工作。当然，如果你真的生病了，那你还是应该待在家里，不要太玩命。但所谓"生病"是一个相对的概念。我曾见过不少人即便是在身体或情感上状态欠佳，但仍咬着牙继续销售。因为伟大的销售员，就像伟大的运动员一样，总是"带伤参赛"。

我发现销售员受伤的时候，销售水平往往会提高，还能节省时间，这会让他们感到释怀，让他们的背影也显得不那么落寞。

有人称这种精神为"坚毅"，但我更喜欢将这样的情况形容为"忙碌"。忙碌还意味着，你即便已经实现了每天、每周甚至每月的销售目标，却仍然继续斗志昂扬地拼搏。一旦你的销售额超过原定的目标，就会产生额外的动力。忙碌的销售员唯一担心的问题，是如果今年的销售额冲得太高，明年的销售量势必还会再攀高峰。这种心态通常会催生出超级客户。

我们最棒的销售员从来不会接受"还不错"的评价。他们一旦设定了目标，就会竭尽全力做到最好。

有执行力

正如我在耐克公司的朋友，沙朗·贝伦斯所说，伟大的销售员就是要"想做就做"。他们从不抱怨。他们是赢家，是实干家。

他们始终表现出色，力求卓越。这意味着什么？每一笔销售都有着一致的过程，每天、每月、每年的时间都被赋予了同样宝贵的价值。

因此，办事要有紧迫感，要把握当下，拒绝拖延。这就意味着要忘记马克·吐温的那句名言："永远不要把后天能做的事提前到明天。"

执行力，意味着时刻保持专注和警觉。我发现每次打网球，我都会输在专注度不够上，我要么是在琢磨写书的事，要么是在想着午餐该吃咸牛肉还是熏牛肉。我总是对自己说，"要专注，要前进。"很多时候，这句话能督促着我往前走。

我总结出了将愿景和执行力结合的五个秘诀：

1. 在脑海中想象一幅画面，比方说：客户进店来买浴袍。我从脑海中唤醒了我们曾经谈话的场景，并琢磨着他是否愿意购买我们曾经讨论过的运动夹克和裤子。我还要设想出销售过程中的某些关键节点，在脑海中完美模拟整个销售流程。

2. 大声说出自己的愿景："我会给客户介绍新的运动夹克和裤子，当然，还会展示衬衫、领带和鞋子。"

3. 把愿景写在一张纸上。

4. 着手去做，给客户打电话、发电子邮件、发短信。

5. 再添加一些善意的行为作为额外的拥抱。

我甚至还可以给客户展示一件他之前提到过的蓝色西装外套。我们的数据库显示，他近些年就没买过这样的衣服。

执行力意味着你需要"拥抱"时代的变化，适应现代科技。科技将业务的方方面面连接起来，是我们业务的支柱。技术小白无法在当今的社会中存活。

我的哥哥比尔对技术并不感冒，但他也已经学会了如何发短信和电子邮件。他的朋友都说他已经变成"现代人"了，而他也对这种评价沾沾自喜。

热情洋溢

热情，是我个人最中意的品质。因为很多人都曾这样评价我："杰克，你是个热情洋溢的人"。

当你充满热情时，你就会深信自己能对销售工作得心应手。伟大的销售员总是精力充沛、热情洋溢、态度积极。热情是无法假装的，但却可以感染他人。

大多数积极热情的人往往是快乐的。快乐是销售员难得的一种品质，它能催化自信心。我们不光要成为最好，还要比最好再高一个台阶。这种激情才能代表"拥抱心态"，相反，没有拥抱心态的激情则会让你走上"傲慢"的歧路。我再重申一遍：快乐的销售员等于快乐的客户，也就等于快乐的交易。这是"三赢"局面的另一种表达方式。

我常常在睡醒的时候想起我的父亲。他是一个毫不造作的爽快人，最喜欢用"火一把"来表达热情。他常常问我，"杰克，你说今年秋季，哪种新产品能'火一把'？"其实这就是心怀热情之人的质朴想法，他们对自己的所作所为感到如火般的狂热。而我最喜欢的表达就是一个字，"哇！"这是一种简洁至极的激情宣言。有时我也会说，"喜欢惨了！"而这是另一种充满激情的表达。

要如何保持激情呢？就像其他所有事情一样，要努力工作，努力实践。我妈妈常说，实践才能出真知。

而且要展示出你的激情，不要不敢表达。

我小时候，曾在缅因州的夏令营度过了一整个暑假。当时我们睡在小木屋里，每天早上被号角叫醒，然后跑到一个空旷的场所大声宣誓。

接下来，我们会进入一个小教堂轮流唱赞美诗，然后辅导员会以一个象征着积极且振奋的词语，比方说"希望""感恩""感激"或"热情"，为这一天做演讲。在这一天的时间里，我们都会努力地将这个词语穿插到所有对话中。

晚饭之后，我们还会聚在湖边唱歌，然后一起大声喊出这个词语。这让我觉得很有趣，因为我感到每个人都因为这个词语联系在了一起。从那之后，我一直在寻找能让我充满激情的积极词语，从未停止。我将这个过程称作"积极、热情的话语力量"。组织人类学家茱蒂丝·格拉泽相信，这些话会成为人类建立关系和维系文化的基础。

那么，你今天有对什么充满热情吗？

抱有预期

出色的销售员会给未来预测多种结果，并提前做好准备。当年我在少年棒球队的时候，教练总是对我耳提面命：球场风云变幻，你一定要做好预测。首先我们需要了解大局，也就是你和队友的得分能力，然后你还需要预测球场上的每一种可能。

我们在日常生活中，也常常会体验到预测的重要性。

比方说，你小的时候就能预测到不吃早餐，妈妈不仅会责骂你，可能还会用扫帚追打你。如果你乖乖吃完早餐，妈妈可能就会在脸上挂起大大的微笑，还会说你长大之后一定能成为一个强壮且有天赋的运动员。

再比如，如果我没提前通过电话或电子邮件通知琳达我没法按时回家吃晚饭，她就会担心我，或者把给我准备的饭菜故意煮糊。但如果我提前通知了她，她可能就会给我准备一份额外的蔬菜来"奖励"我。

这么多年来，我看到的每一位优秀的销售员都不会只靠着一套方案闯荡江湖，他们手中除了计划 A，一定还有计划 B 和计划 C，并基于在销售过程中的聆听和学习，试图预测客户的下一步行动。经过多年训练，他们会在脑海中预演，对客户的各种行为做出相应的反应。

简而言之，他们不会轻易放弃，就像老话说的："压力把煤炭变成了钻石。"

我远在亚拉巴马州的表兄比尔·赖斯博士曾和我分享说："世

上最伟大的橄榄球教练之一贝尔·布莱恩特（Bear Bryant）曾经说过，'好运是打出来的'。他对球员说，如果他们能努力打球，并且在打球的过程中怀抱期待，寻找额外的机会，就总能立于不败之地。好运一般不会凭空降临。但当它真的来临时，如果你早就做好了准备，那么肯定会事半功倍。"

对我们来说，这就意味着要提前考虑客户可能会产生的需求。你可以通过翻看客户的购物记录，查看他们有多久没有采购过大衣或燕尾服了，或者看看他们的周年纪念日是哪天，一般这就意味着丈夫可能会给妻子挑选礼物，反之亦然。

其实预期就是一种可视化的未来，而你要在未来发生之前就察觉到它。总而言之，以上七个品质，囊括了优秀销售员所需的基本素质和技能。

以"关怀"为核心价值观，利润会随之而来

根据我的经验，拥有以上七种品质的销售员，都有着极为出色的销售能力。需要明确的一点是，无论你销售的是连衣裙还是抗皱霜，赚钱都是第一要务，这并没有什么不对。

关怀、热情和坦诚并不是销售的全部，因为我们是商家，总得向往销售的结果。客户也是，他们造访商家的目的不是闲聊，也不是免费的咖啡和点心。在我们的商店，销售是最终目的，客户也希望能找到自己中意的商品，然后心满意足地离开。

因此，任何企业都渴望拥有能产生销售额，尤其是巨大销售额的员工。在我们的商店中，销售员能恰如其分地满足顾客的服装需求，用我们的产品塞满顾客的衣橱。

财务顾问要增长财富份额；汽车销售员想用新车装满客户的车库，即抢占车库的份额；我们的份额目标是用我们生产的服装尽可能多地填充顾客的衣橱，也就是抢占衣橱里的份额。

不过，我们需要用正确的方式来达到抢占份额的目的，要让销售员专心为客户提供 110% 满意的服务！当客户意识到自己正处在互动的中心，且卖家把自己的需求放在心上时，客户就能迸发出他们最强烈的购买欲望，这可比你苦口婆心推销的效果好得多。

在一次理发途中，我和理发师聊了起来。他说，有些客户在经济上非常成功，但随着年龄的增长，笑容却越来越少。他觉得，这些客户认为要跟着"旗帜"走，但他们的"旗帜"就是钱。

这就是为什么我觉得认可和赞赏才是销售员的驱动力。他们所追随的旗帜是"为客户提供个人化的服务"。如果能做到这一点，钱就会自己找上你。如果做不到，销售员就会产生一种"亏损"甚至"被利用"的感觉，这种滋味可不好受。

因此，对客户的关注和对销售结果的关注之间，存在着巨大的协同作用。我将这种作用总结为 7P 定律：

我们的员工（people）积极（positive）乐观，充满激情（passionate）。他们日复一日地为客户提供个性化（personalized）购物体验，全年无休、风雨无阻。

他们总是主动（proactive）出击，尽一切努力为顾客展示适合他们的最佳产品（product），目的就是给每一位客户带来新奇有趣的体验，因此就能获得一个额外的收获，前六个 P 所产生的利润（profit）。又是一个三赢的局面。

理性分析，感性成交

如今，大数据能帮助我们收集到海量的客户行为数据。企业该如何积极跟踪客户的活动，如何搞清楚客户行为的目的和愿意为之支付的价格，这样的研究文章车载斗量。我们完全可以对现有的店铺做一些改良，比方说在过道上加装热传感器，来衡量客流的密度，看看：人们喜欢买芝麻菜吗？喜欢买苍蝇拍吗？

毫无疑问，数据能极大地提升销售的有效性。但很少有人能正确地使用这些数据信息。而且，大部分数据的收集都不够"个人化"，它们的应用场景也不够"个人化"。我将在后文中讨论究竟该如何使用数据服务客户、促进销售。

在我看来，销售既是科学又是艺术。销售有理性的一面，也有感性的一面，且同样重要。如果协调得当，销售还是一种极富创造性的工作。

正如 IBM 的传奇高管之一、现在已经退休，但仍在我们的顾问委员会中任职的尼克·多诺弗里奥所说的那样，"无论程序算法有多么复杂精细，都无法取代销售中的人为因素，这一点是毋庸置疑的。机器的销售能力远不如人，至少现在还不如。"

你不能简单地将客户代入一个方程式中，用机器算一算，然后按图索骥地进行销售。我从没见到过哪台计算机、哪个电商网站能和顾客握手微笑，也从没见过哪台计算机能给顾客递上一杯咖啡、送上一份点心，更没见过哪台计算机能帮客户把行李提到汽车上。

仅凭数据去了解客户是不够的，我们还需要创造力。搭建这种个人化的关系需要时间，需要过程，更重要的是，需要一个真实的人。这就是财务顾问所说的"人力资本"。

销售就像一部电影，有时是惊悚片，有时是喜剧。客户会经历情绪的放映，买卖双方也会建立一种紧张的局势，客户会购买吗？客户会做出这样的选择吗？在剧作中，笑声通常可以用来缓解紧张的情节，让剧情的推进遵循一个宽松的剧本，充满乐趣和创新。

很多销售员最大的错误，就是不遵循流程，随心所欲。虽然我们也可以通过这种方式达成一些销售，但这并不是长久之计。还有一种错误，则是遵循了错误的流程，比方说单纯地强调商品的重要性或强买强卖等。

我们的目标是在每次的销售中都超出客户的期望。我们米切尔服装连锁店的口号是："给您带来绝佳的体验！"

有谁不喜欢这样的体验呢?

正如我在前文中所说,我们的销售流程就是五个基于"拥抱"的常规阶段加上一个额外阶段。你可以把它们列入一个索引表中。它们分别是:

1. 建立联系,与第一次见面的新客户建立个人联系。
2. 解码任务,确定哪些人能成为客户,弄清楚他们的真实所需。
3. 展示和分享,向客户展示适合他们的商品。
4. "允许"购买,问询客户并实现销售。
5. 吻别,为客户留下跟第一印象一样积极和持久的最后印象。

额外阶段:扩展客户关系并安排业务回访

在实践过程中,各个阶段之间的划分不宜过于机械。伟大的销售员才不会时刻想着,"我在第一阶段"或"我正在第三阶段",因为他们正忙着向客户展示羊毛围巾和橱柜,根本无暇设想。他们只是以自然、流畅的方式进行销售。

虽然一切均发生在无意识的情境下,但这个流程确实存在。一旦你熟练掌握了这个流程,它就自然而然地流畅起来。毕竟,销售基于买卖双方有目的的对话。

销售的过程,其实就是对基础知识的应用。我不禁想起了传奇篮球教练约翰·伍登的故事。他总会通知第一天参加训练的篮球运动员带上运动鞋和袜子，提前十分钟到场。然后他会向运动员展示如何穿袜子，教他们怎样才能让脚后跟和袜子的脚后跟部相贴合，没有褶皱。

在比赛中，如果袜子没穿好，尤其是脚趾或脚后跟周围的位置出现了褶皱，就容易起水泡。然后他又向运动员展示如何穿上运动鞋、如何系鞋带才能足够紧、怎样避免袜子在鞋里打结等。

运动员往往不以为然，但他依旧坚持要从基础开始。他想让运动员意识到这一流程的重要性，毕竟，脚肿的运动员只配坐在赛场边的板凳上。

销售员就像是篮球运动员、高尔夫球手和歌剧演员。他们的目标都是高水平地进行表演，但他们有自己投球的偏好、有不同的声音质感，他们会用不同的方式去投球和唱歌、去迎接高潮和低谷，然后不断地向新的境界迈进。但他们仍需要遵循一些基本的原则。

其实，许多销售并不会完全遵循我所说的阶段。有时候，客户走进商店会直接要求购买某些东西，比如一条紧身裤、一个华夫饼机，或者一个拖把。你把商品递给他们，销售就完成了。但你也能找到机会表达友好感谢、送别微笑和一句祝福："帮我向你的妻子沙丽和孙子瑞安问好。"

有时整个销售的过程不足几分钟，有时则会拖上几个小时、数周，甚至数月。比方说房屋销售，或者把大型喷气式飞机卖给航空公司。

　　无论时长如何，销售都会有一个过程。而这个过程，会决定结果。所以现在，你需要在我的指导下完成拥抱客户的各个阶段，去了解如何用热情的个性化方式进行销售。要记住，你要在"销售"的同时玩得开心。祝你乐趣多多!

SELLING THE
HUG
YOUR CUSTOMERS WAY

第二部分

拥抱客户的"5+1"阶段
覆盖全流程、各环节、多场景

"拥抱客户"的流程根植于
销售员积极主动的热情服务,
核心是从客户出发。
优秀的销售员从不卖东西,
他们鼓励客户,
并"允许"客户向自己购买。

第 3 章

阶段 1：与客户建立联系

众所周知，销售员喜欢交换销售时遭遇的故事来相互娱乐。故事能为销售带来噱头。就像骑师的第一次胜利或钢琴家的第一场独奏一样，哪个销售员能忘掉自己做成的第一笔交易呢?

我清楚地记得自己销售生涯的第一桶金，它就像发生在昨天一样记忆犹新。我的第一笔交易是在供暖大楼里一间逼仄商铺中完成的。

在我真正加入家族企业之前，一直都在帮爸爸妈妈打零工。当时，一个男人和他的妻子一起愉悦地走了进来。爸爸告诉我说，他是通用电气公司的高级主管，也曾私下朝我念叨过，说他非常保守，一年到头只穿蓝色的西装。

有鉴于此，我向他推荐了两套西装，一套是漂亮的纯蓝色，一套带有蓝色的条纹。他很喜欢这两套衣服，准备都买下来。这次的销售看上去似乎挺容易。显然，当时他正处在"购买"的气氛里，我的心中浮现出一句鼓舞的话："继续上，杰克，继续上，来做一些真正的销售。"不知怎么，我记起了爸爸的话，他曾说，要持续地向顾客推销，直到对方坚定地拒绝："不了，谢谢，这些就足够了。"

所以，我走到衣架旁边，拿出一套花呢西服套装，还是橄榄绿色的，三件套，附带马甲背心。我记得我试穿过这套西装的灰色版本，上面带有蓝色的条纹。我带着灿烂的笑容，对他说："穿上这件看看，就当随便试试吧。"

他看看我，就好像我手上拿着的是一套弗拉门戈舞者的服装。但他可能也产生了幽默自己一下的想法。我用手指划过布料，在三面镜前向他展示了这套服装。我对他说："这衣服多棒！换换风格可能对你有好处，你觉得呢？"

他怀疑地看了一眼妻子，对方说道："亲爱的，我还挺喜欢的，就当休闲装穿吧。"

他穿上外套，在三面镜中微笑着审视自己，我感觉他动摇了。因此我又问道："为什么不试试裤子呢？"

他还真的试了。他说道："你知道吗？这套衣服让我想起了我的第一套西装，那还是我在英国读书时母亲买给我的。这衣服穿着很舒服，我妻子也说很好看。不错，杰克，就算是橄榄绿色的，我也要了，帮我包起来。"

几个月后，他和我说，每次穿这套橄榄绿色西装的时候，他都会觉得自己年轻了很多，这让他感到振奋。

这件事让我备受鼓舞。我并不只是根据别人的安排按部就班地工作，我使用了一种低压力的方式帮顾客找到了另一种选择，而我的商品也给他带来了与众不同的感觉。他是心甘情愿买下来的，并没有产生任何"被推销"的感觉。最好的一点是我通过自己的努力让顾客感到很开心，这种感觉棒极了！

联系就这样建立了起来，顾客甘之如饴，我也乐在其中。

不幸的是，很多商家除订单之外，对其他销售机会视若无睹，我称他们为"订单接受者"。有人进店询问烤面包机，销售员就从架子上拿过一个烤面包机，然后顾客购买了下来。任何人都能做到这些，包括我年龄最小的孙子，但这不是销售。

如果你只是被动地接受订单，那你就不需要了解销售的过程，甚至任何和销售相关的事情，因为"拥抱"的销售方式并不适合你。但如果你是个称职的销售员，从客户走进门店的那一刻，销售就已经开始了。我们都有过这样恼人的经历，走进一家商店，立刻就要接受销售员的追问：

"有什么需要帮助的吗？"不需要。

"嗨，你还好吗？"我不好。

"真是个可爱的早晨，对不对？"并没有觉得。

对方脸上没有微笑，其实不皱眉就算不错了。你仿佛看到对方头上悬着个小气球，上边写着："我抓到一个活的，没准能在他身上赚一笔！"

每当我去商店的时候，都会有瞪大眼睛的销售员从多个方向奔来，摩拳擦掌企图包抄，而我产生了马上就会被一群特警队员摞倒的感觉。我的一个朋友曾在一家店被两个销售员围攻,其中一个还被另一个绊倒,撞上了外套展示架。

因此,在顾客踏入店门的一瞬间,销售的第一阶段就开始了。我将这一阶段称为 "与客户建立联系",也是你不能回头、勇往直前的 10 秒。

初始阶段往往是最短的。从开始到结束,时间可能只有 10 到 25 秒,但它却具有无与伦比的重要性。因为它为顾客提供了至关重要的第一印象。无论如何,你都不能退却。

这个阶段启动了销售的后续流程,一步踏错,便会步步踏错。

开弓没有回头箭,我们没法重来。

长期以来,专家一直认为第一印象是持久的,会对我们如何看待某人产生极大影响,这种观念难以摆脱、难以修正。回想一下你与如今某个密切相关的人相遇的瞬间,你会记得他当时的态度,他那天穿的衣服,至少能记起一件。

第一印象至关重要,在读完本章之后,你还会了解到,其实最后的印象也是举足轻重的。

25 秒原则 : 给客户留下良好的第一印象

我们先来了解一下,在这个极其简短的阶段都要做些什么。

无论是在言语上还是行动上,我们的目的都是以友好、亲切、有趣的问候方式欢迎客户,这就是一个拥抱。

假设我们面对的是第一次来访的客户，或者是你不认识的某个人，总之他是企业成长所需要的新鲜血液，那我们沟通的目标就不仅仅是销售，而是应该着重于发展一种关系，以便对方能一次又一次地来访。对大多数企业来说，能积累大量回头客的毕竟是少数，究其原因，是因为没有和新客户建立亲密的联系。

这些年我们先后接触了成千上万名新客户，经统计，能转化为回头客的仅有 30%，这意味着还有三分之二的新客户没能完成转化。然而，在针对其他零售商的调查中，我们发现其实 30% 的转化率已经相当可观了，他们的转化率还要低很多。

这说明了，其他零售商要么没有给客户留下良好的第一印象，要么没有付出任何努力和客户建立联系，他们的销售流程和文化，让更有价值的未来业务溜走了。

我们的店门一推就开，根本不费力。是的，一扇容易打开的门也很重要。我曾去过一些商店，它们的门可能需要打桩机才能推开。当顾客走进店门的时候，总会有人面带微笑着说出"欢迎来到米切尔！""嗨！"或"你好！"之类的开场白来吸引他们。

虽然我提倡所谓的"25 秒原则"，即在顾客到店后的 25 秒内完成问候。但其实我更倾向于将时间缩短到 10 秒或 15 秒。

我知道，你会说那样显得太急切了。但我一直很喜欢"延伸目标"，也成功地在 10 秒或 15 秒内完成了很多问候。最重要的是，这个时间真的不能超过 25 秒。否则，客户就会感觉自己进入了一间无人理睬的空仓库。

在很多休闲餐厅，比如萌享（Moe）轻食餐厅的烤肉店，你进门的时候就会有员工大喊"欢迎来到萌享！"。虽然是一成不变的问候语，但总会让人心生暖意。如果你不信，不妨想象以下这个场面：店员热情洋溢地和每个人打着招呼，但轮到你的时候却冷若冰霜、一言不发，你会怎么想？每个人都希望得到认可，即便在快餐店也是一样。

客户会拉长对时间的感知。如果客户进入商店，并在 30 秒内持续被冷落，他们便会产生自己等待了 5 到 10 分钟的感觉，并对此久久不能忘怀。其实客户等待多久都没有关系，最重要的是他们将这段时间"感知"为多久。如果有人到你家做客，你会让他们等上 10 秒甚至 25 秒才过来招待吗？

客户需要适应新环境，才能感到愉悦。因此友好的问候是必不可少的。

经过多年尝试"嗨！"和"你好！"之后，我确信后者的效果要比前者的更好。虽然我没有任何统计数据作为支持，但现场经验告诉我这是真的。"你好！"的威力更强大，并且由于某些不可知的因素，客户对收获"你好！"的期望要比"嗨！"更低，这样"你好"就成了一种令客户惊喜的拥抱。

我鼓励你添加一些其他的问候语，比如："早上好！"或"多么美好的一天！"

而销售员需要为第一次会面选择合适的问候词。和其他店铺不同，我们并没有固定的脚本。我们希望销售员能更好地做自己。

我在欧洲的销售员朋友告诉我，他们喜欢用"今天过得怎么样？"，这是一个很好的开场词，我很喜欢。

然后尝试着去夸奖你的客户。多提及他们喜欢的事物，试着赞美他们，就能为客户留下积极而持久的印象。

我喜欢当着父母的面和孩子进行交谈。有时候，我还会下蹲以便直视孩子。我还会给孩子一根棒棒糖，并抬头看孩子的父母是否同意我给孩子这个礼物。

如果他们同意了，我就会把棒棒糖藏在手里，然后告诉孩子，"我把它放到了你的耳朵里"。然后，我就假装从孩子的耳朵中把棒棒糖拔出来。同时，我也在另一只手里藏了一个棒棒糖，并说道，"你的鞋子里也有一个。"然后我伸出手，把棒棒糖从孩子的鞋子中"拿"出来。孩子喜欢这个把戏，他们的父母也喜欢。

请记住，如果客户带着孩子来访，永远不要忘记客户此时的态度：如果你需要我关心你的商品，你就必须先关心我的孩子。

接下来，就是要直视着客户，并伸出手介绍自己。就我个人而言，我通常会说，"我是杰克·米切尔，欢迎来到我们的商店。"客户可能会搭腔道"你好"，而我通常会笑着回答"我很好"，然后竖起两个大拇指。这通常会让他们大吃一惊，然后他们会哈哈大笑，这种感觉很好。这就是真实的情况，客户经常会接着说，"真不错"或者"我感觉也很好"，然后报以微笑。

想让问候真正地发挥效用，关键就是要真诚。否则客户会一眼看穿你的假笑，并迅速感受到"被推销"。

我注意到，像我这样以客户为导向的卖家和以产品为导向的卖家之间，最大的区别在于，在向客户打招呼的时候，后者会说，"哇，看看你身上这件超酷的夹克！"，然后再询问客户的健康状况和家人近况。而我们的对话顺序则恰好相反，开始我会说，"嗨，好久不见，我们都挺想你的……家里人怎么样？"然后再说，"我喜欢你身上这件麂皮夹克。"

这里的诀窍是，销售员在问候客户，尤其是已经和自己建立了联系的客户时，应该首先对客户这个人而不是着装发表评论。这个简单的转换会将心意传达给客户。顾客对自己的角色定位也从被销售的对象，转变成了被真正关心的人。

除我的"25秒原则"之外，我也很欣赏威尔克斯·巴什福德店的总经理杰夫·贾雷利克（Jeff Garelick）发明的"两分钟指南"。它是专门为与销售团队建立了亲密联系的回头客设计的。

它的流程是：**当销售员判定面前的顾客有消费潜力时，销售员应在两分钟内问出如下的问题："您以前在我们店里买过东西吗？"**

如果答案是肯定的，销售员应该说："太好了，您有指定的导购吗？或者我可以为您效劳吗？"

有时候顾客会回答一位销售员的名字，有时候答案则会模棱两可："是的，我记得上次的导购是一位荷兰的先生"或"是一位个子高高的金发女士。"

这时，销售员应该对顾客说："太好了，我会帮您找到他。毕竟他曾经接待过您，应该能为您提供更好的帮助。"

此时，接待人员需要找到该销售员，整个流程需要在 2 分钟之内完成。最快的方法通常是拨打这个人的手机。

如果顾客回答，"对，之前有人接待过我，不过谁接待我都可以。"顾客还可能会暗示并不想和上次接待的人员交流，那么此时，接待人员就可以为顾客提供服务了。

如果你觉得顾客好像记不清了，你就可以进一步询问一下，看看是否能确定上一位接待者。一般来说，顾客会对你此时做出的努力留下深刻的印象。这表示你正在为了他绞尽脑汁、尽力而为，而不是单纯地想把产品推销给他。

这种行为还突出了企业内部团队合作的气氛。因此，在联系旅行社的时候，如果你对接待人员的服务感到满意，你就要表达出想要再次与他进行合作的意愿，这样他才能竭尽全力，为您和您的家人规划好一个完美的假期。

请注意，此时的服务并不能保证顾客下次还会选择你，这种选择完全取决于客户。有时候你和他就是不来电，这也无可奈何。

曾经有顾客告诉我，他不需要我的帮助，而是点名要我的哥哥陪同，这个场景我永远也不会忘记。

当时我的第一反应就是，为什么不能是我？但顾客就是顾客，他们永远是对的。当然，我确实有一点受伤，但我也意识到，只要能处理好客户关系，就可以得到一个双赢的局面，有时甚至能达到"三赢"。

7 种非语言交流，让你从情感层面打动客户

其实在与客户建立联系的第一步中，语言并不是最重要的。正如我在前文中所说的，销售涉及两个要素：情感和知识。知识部分是对产品特征、价格和价值的处理。但对许多客户而言，从销售员和销售流程中获得情感也同等重要。

大多数销售员认为，对产品功能和优点的描述才是重中之重。这一点确实很重要，但这要建立在客户对你的话产生了兴趣，并萌生了购买意愿的前提下。

这就是被大多数销售员忽视的一个问题。产品的功能是逻辑意义层面的特质，但对于产品的依赖却基于情感。大多数人都会在情感上产生购买需求，并通过逻辑将购买行为合理化。也就是说，**先从情感的层面上打动顾客，再用逻辑予以支持，才能对顾客的购买欲望产生更大的影响**。

非语言信号也可以用到拥抱客户的情绪状态上。这种非语言信号来自企业本身，如达美航空商店的休息室或雪佛兰经销店的陈列室一般，它带来的所有感官体验都会影响客户的情绪。在一次与其他店铺经营者的交流会议上，有人提到店铺中的气味也是提升"性感"指数的方法之一。确实，有几家店铺的老板都热衷于在店铺中喷洒香水，或点燃几支香熏蜡烛。

音乐也很重要，店铺内应该播放古典音乐、摇滚音乐、嘻哈音乐，还是干脆不放音乐？我喜欢比别人提前一步到健身房运动

的原因之一，就是我能自由地挑选音乐。有一次我去晚了，一位是硬核说唱迷的拳击教练，已经在那锻炼 20 分钟了。说实话，听到那震耳欲聋的说唱音乐我差点扭头就走，因为这种音乐和我的情感联系中有 99% 都是消极的。幸亏他比我早走了半个小时，我才能多听 30 分钟柔和的詹姆斯·泰勒的民谣。

宠物也很重要。几年前，有一位绅士前来为自己和儿子买鞋，他们随身带着一条狗。我走过去致以友好的问候，那位绅士说："你知道为什么几年来我都在你们这里购物吗？"

"洗耳恭听。"我说。

"因为我的狗。"他说道，"我有一次沿着这条大街遛狗，那天又潮又热，但几乎所有的商铺都说不允许带狗入内。我走到大街的尽头，向你们的理查兹店望去。珍妮看到了我，并邀请我进门，她说您的狗口渴了，还给它倒了一碗水。从那天起，我就再没去过别的店。"

这就是我们的店铺欢迎狗狗入内的原因，我们甚至还在门外的人行道上放了水供它们饮用。如果真的有顾客因为宠物发生冲突，你只需要向养狗的顾客做好解释，将他们引导到店铺的另一个区域或店铺外即可。

店铺内的陈设要突出视觉冲击，就好像每件衣服上都挂着"买我！"的标签，气氛也一定要欢愉热烈。我的顾客经常对我说，当他们走进我的店铺时总会感到精力充沛，心里想的都是，"哇，原来这里有一场派对！"周六是我们的"游戏日"，一位女士品着咖啡对我说，"您的商铺真的太棒了，就像百老汇一样热闹。"只要不用排太久的队，谁会不喜欢人潮涌动的餐厅呢？即便是在快餐店，若是站在收银机后面的销售员热情洋溢，你也会更加享受用餐时光。

因此，我坚信在整个销售最初的 25 秒内，买卖双方之间会发生 7 种非语言的交流，我称之为"7 种调味品"，它们能对买卖方之间的互动进行调味，让关系更为美味。我们可以保持一定的个性，在销售过程中使用这些做法：

1. 保持微笑。

2. 维持仪表整洁。

3. 穿着得体。

4. 保持移动。

5. 不要将双臂交叉在胸前或将手放在口袋里。

6. 看着顾客的眼睛。

7. 踮起脚尖。

保持微笑

如果销售员冲你做了鬼脸，你还会在他那里买东西吗？微笑虽简单，却是优化第一印象最有效的非语言武器。我特别喜欢甘地（Gandhi）的一句话："微笑不会花费任何代价，却是珍贵的给予。它丰富了接受者，却没有让奉献者变得贫穷。它的出现只是片刻，却能在记忆中永恒。"有些商店甚至会统计服务生微笑的频率，因为它和客户满意度息息相关。

当你微笑的时候，90% 的顾客会回报以微笑。实际上，回报微笑的甚至能达到 99%。我建议你立刻做出尝试，向你接下来将遇到的 10 个人报以微笑，不管你是否认识他们。

我们在韦斯特波特商铺的一位销售员斯科特·纽金特（Scott Nugent）告诉我，他在自家浴室镜子上贴了一张便条来提示自己，要始终保持微笑。

你还需要注意自己的头部动作。几年前，我曾与某人展开了激烈的辩论，因为无论他说什么我都不同意。最后我说，"我同意你的观点。"对方却回答说，"不，杰克，你一直在摇头，这表示你不同意。"

"我的天。"我长叹了一声。

从那时起，我开始注意自己头部的动作。

维持仪表整洁

你应该好好打理自己的头发，不能任其野蛮生长，除非你的顾客是摇滚乐队的成员，或是喜欢独特发型的企业家。仪表能反映出一个人的个性，还能展现出你所处的行业。我们应该维持好整洁的仪表。我的儿子们一直提醒我，你的口气应该清新，如果你午餐吃了沙拉，千万别放洋葱；如果你吸烟，你就要吃点薄荷糖来盖住烟味，但不要嚼口香糖。

穿着得体

销售员应该穿着得体，这一点是毋庸置疑的。我们的店员都是顶尖服装店的代表，男士需要穿西装，系领带；女士需要穿得体的裙装或衬衫长裤。

对冲基金经理人和同事一起工作时可能会穿褪色的牛仔裤和连帽衫，但服装销售员需要和客户保持更加商务的关系，因此必须始终保证衣装整洁专业，邋遢可是行业大忌！

我们讨论的并不是正装或便装的问题，而是要衣着合适且得当。你会从穿着 T 恤和短裤的人那里购买西装吗？一位看上去要去打保龄球的飞行员开的飞机你敢坐吗？如果耐克商店中有穿着西装的销售员，你会从他那里买运动鞋吗？

归根结底，着装在销售中也起着至关重要的作用。一位朋友对我说，她在和自己的财务顾问会面时，发现对方穿着休闲衬衫和裤子就出来了。她告诉对方，除非他们穿上正装，否则不要和自己说话，因为她根本就无法集中精神。最后他们不得不穿好正装再过来。

不过别太吹毛求疵了。我听说有一位老板因为下属的鞋带不够长而责骂了他们，这就大可不必了。

保持移动

销售员不应该扎堆在一个位置，因为这会给顾客发送一个错误的信号：销售员并没有把注意力放在顾客身上，而是神游物外。也不应该将时间花在计算机和电话上，而是要站在他们应该出现的地方。

我们鼓励销售员在店内多走动。我的零售顾问迈克尔·雅各比开展了一项研究，他发现顾客更欣赏来回走动、忙碌的销售员，因为他们更能传递活力和激情。如果销售员只是站在原地面无表情、无所事事，顾客就会认为这家店不够专业，感觉自己不够受重视。

我们的联合首席执行官鲍勃·米切尔，也就是我的儿子，过去常通过"8字形"的路线在店内巡视。这样一来顾客不仅能看到你，还能感受到你的活动，你的店铺也就和那些销售员仿佛人体模特的"死气沉沉"的店铺划开了界限。

就我个人而言，我喜欢脖子上围着卷尺、手上拿着衣撑，因为这样会告诉顾客我正在工作，而不是无所事事地闲逛。这也带来了不少趣事，不认识我的顾客经常问："您是裁缝吗？"我则会回答："不，我是老板之一。"通过四处走动传递热情，是吸引顾客到"家"做客的理想方式。我建议你现在就试试！

不要将双臂交叉在胸前或将手放在口袋里

双臂交叉放在胸前，是一种"封闭、冰冷"的姿势。无论是从体态还是从保持"欢迎"的姿态上来说，我们都应该张开双臂。这个规则也适用于另一种"手插口袋"的姿势，尽量不要把手放在口袋里。肢体语言在销售中非常重要，因此务必留神你的姿势，确保自己看起来自信、友善、专业。

看着顾客的眼睛

在和顾客打招呼的时候，请凝视对方的双眼。很多研究类的文章表明，移动设备的爆炸式普及所带来的不幸结果之一，就是人与人之间眼神接触的减少。我经常看到人们在非常亲密的晚餐上只顾盯着智能手机，而不是对方的眼睛。

我读过的一项研究表明，如果希望与某人建立真正的情感联系，就必须将 60% 至 70% 的时间用在进行眼神交流上。如果你想以销售为目的跟别人交流，时间恐怕还要更多。

因此一定要看着顾客的眼睛，始终保持眼神接触！确保自己能做到这一点的一个好方法，就是去确认顾客眼睛的颜色是棕色、黑色还是淡褐色。

踮起脚尖

当你踮起脚尖之后，你就能把自己抬高 5 厘米左右，这会让你产生一种大局在握之感，变得更加自信。这是我从一位公开演讲的教练那里学到的。

踮起脚尖之后，你就能真正地"瞄准"顾客，然后火力全开地开展销售。每当我早上到店，走到销售区的时候，我都会暗暗想着："直视、瞄准、开火。"

值得注意的是，对于不在零售行业的销售员来说，"7 种调味品"也同样适用。虽然实现的方法可能略有差异，但整体概念不外如是，产生的影响也大致相同。

别说"我能帮助您吗?"

通过语言和动作,我们能主动、积极地对顾客进行问候。整体的思路就是要像在家门口问候你最好的朋友一样,一定要特别真诚。

友好的问候方式有很多种,但有一点绝对要避开。

千万不要说,"我能帮助您吗?"或"您需要帮忙吗?"。这一点适用于所有销售场景。一般情况下,你得到的回答有 99% 的可能是生硬的"不,谢谢,我只是看看"这样的回复。有时候,甚至你还没说完这句话,就得到了顾客否定的回答。

这是因为绝大多数顾客在初次到店时,还没有做好和你互动的准备。他们还没有进入"购物模式"。这个概念也是迈克尔·雅各比教我的。他认为顾客只会处于两种状态:购物模式或闲逛模式。

就像托尔斯泰所讲的,所谓的文学不外乎两个故事:要么是一个人远行,要么是异乡人来访。在销售过程中,也不外乎两个故事:顾客进店购买,或顾客什么都不买。我们更喜欢前者。

我们也知道,一些顾客会永远停留在"闲逛模式"。他们只是来"瞅一眼",用来打发等待妻子做指甲或丈夫逛渔具商店的时间。

在顾客购物之前,他们需要一些空间。他们最不喜欢的,就是被销售员围追堵截,没有人喜欢"被销售"的感觉。在大多数情况下，顾客有购买的欲望，不然他们也不会来逛商店，但他们不想"被销售"。这两者有着很大的区别。

作为一名销售员，我们通常认为自己的工作就是销售，但转念一想，好像又没有这么简单。我们是在创造一种环境，去帮助顾客了解和购买能够满足他们需求和欲望的东西，我们在这方面起着举足轻重的作用。

我一直搞不明白，为什么顾客一再回答"我只是随便看看"，但销售员还是只喜欢问"有什么能帮助您吗？"。在我拜访其他公司时，总是有人这么问我。

我还听说，有人特别反感别人这样问他。他在口袋里装了个小牌子，上面写着："我就是随便看看，有需要我会找你的。"只要销售员接近他，他就会把牌子举起来，这也不能怪他。

当然，如果顾客是经常到店里购物的常客，你就应该这样打招呼："嗨，朋友！很高兴见到你。"

如果你能进一步建立更亲密的关系就更好了。你就可以这样问："你上次的旅行怎么样？""上次买的那件衣服你找到机会穿了吗？""最近暖炉生意怎么样？"

准确叫出客户的名字

对于新客户，你应该竭尽全力打听到对方的名字，这是销售中最重要的信息。在所有语言中，对一个人来说最重要的词就是他们的名字，当他听到自己的名字时，他会产生一种美妙的感觉。

不论我们承认与否，当别人叫我们的名字时，我们都会感到温暖，有时温暖的感觉还会很强烈。在呼唤别人的名字时，你会在情感层面上和对方建立联系。

这就是为什么伯利克里说自己记得雅典每一个公民的名字、拿破仑说自己记得所有士兵的名字。在我们的店里也是一样，我记得约翰、雪莉和黛比，他们所有人的名字我都能叫上来！

要记住，你要把客户当作家人一样，因此记住对方的名字尤为重要，一定要做到这一点。

在以色列，军队的所有成员几乎都用名字称呼对方，像极了一个家庭。你能想象巨人队的伊莱·曼宁（Eli Manning）和奥德尔·贝克汉姆（Odell Beckham），彼此以某某先生来称呼对方吗？

因此在销售的伊始，我们就希望员工使用名字来称呼顾客，这样会让双方处于同一层面。我们希望聘请自信的销售员，他们需要会使用名字来表达友好。

虽然在某些地区不宜直接称呼对方的名字，但我仍坚信自己的想法。不过，通常我们也不会立刻询问顾客的名字，而是先通过聊天来建立联系。过于直接可能会侵犯到顾客的隐私，引起心理不适。但是，如果你介绍自己的时候用了全名，比如"我是杰克·米切尔"，新客户在绝大多数情况下也会反馈全名："嗨，我是斯坦·维罗。"

酒店行业在获取入住人姓名方面有一个巧妙的方法。行李员会先查看客人的行李牌，然后再向客人打招呼，并把客人的姓名传递给其他参与互动的同事。

大多数新顾客只会购买一两件商品，尽管我们也希望他们能获得愉快的购物体验，但不会因此着力收集太多他们的个人数据，毕竟时间有限。但在 98% 的情况下，我们都能知道他们的姓名和地址。这样我们就能向他们邮寄一些便条，欢迎他们莅临光顾。

除非你能像我的好友吉姆·南茨一样拥有照相机一样的记忆，否则在听到一个新名字的时候，你就需要使用多种辅助方法来记住它，比如默念几遍，或者将名字和其他形象联系起来，像卡茨和猫（Katz，cats）、芭芭拉和理发师（Babala，barber）等。拿破仑的做法是在纸片上写下来，记住后再扔掉。在这方面，我读过最好的书是本杰明·利维（Benjamin Levy）的《每次都要记住名字》（*Remember Every Name Every Time*）。

我可以确定地说，人们低估了自己的记忆能力。我对手下的销售员说，记住前 100 名客户的名字应该没什么问题。但实际上，我认为他们应该能记住 214 个。

为什么是这样的一个数字？这来自我的经验。只要努力一点点，任何人都能记住 214 个名字。我在读研究生的时候，就记住了 214 个中文的部首。中国的孩子都是这样学习汉字的。如果这个世界上有 14 亿人能做到这一点，那么销售员为什么做不到呢？

做不到这一点只有两个原因：要么是不知道方法，要么是没有努力。

记忆专家已经给出了结论，我们之所以会忘掉别人的名字，是因为不在乎。由于我对棒球感兴趣，且对洋基队充满热情，因此，时至今日我仍能说出 1957 年洋基队里大多数人的名字。销售员应该有球迷一样的热情，否则最好还是另寻他路。

要记住，客户喜欢的称呼通常不是信用卡或驾照上的名字。对方喜欢被称作罗伯特还是鲍勃，或者是鲍比？宙斯·哈利（Zeus Harry）喜欢别人叫他哈利，每次被人叫作宙斯的时候他都会哆嗦一下。

有一次我坐在医生办公室候诊，护士忽然喊道："托马斯在吗？"这时一个身形魁梧的大家伙跳了出来，喃喃说道，"真受不了，我妈妈生着气给我打电话的时候才会叫我托马斯！"

我的好朋友内森（Nathan）从出生后就一直叫桑尼（Sonny），他讨厌内森这个名字。他上初中时，数学老师坚持叫他"内森"，虽然从没有人这么叫过他，他也不止一次强调自己更喜欢"桑尼"，但数学老师坚持说，等你长大之后就没人会叫你桑尼了，所以你应该提前习惯。50 年后，他还是桑尼，而且他永远讨厌那门课。

学会使用"免费"策略

我们每天都离不开咖啡。从父母开第一家店开始，咖啡一直是我们的销售催化剂。父亲甚至会跑到当地的火车站，买光咖啡铺里的所有咖啡，免费分发给去往纽约的通勤人员，这是我们延续 50 多年的传统。妈妈从家乡带来了特别耐用的咖啡壶，白天为每位进店的客户提供咖啡，晚上再将咖啡壶带回家刷干净。

有时候，一个微小而熟悉的拥抱，就会让销售顺利进行，比如一杯免费的咖啡。在我们的每一家店铺中，销售员都会提供大量免费的咖啡。每次销售员问"要不要来杯咖啡"的时候，我都仿佛听到了父亲母亲的声音。

世界丰富多彩，我们提供的饮品也是如此。现在我们不仅提供常规咖啡，还有卡布奇诺、浓缩、少咖啡因的咖啡，还有各种口味的茶、果汁和软饮料。

销售员应该熟记顾客的喜好，以便于在他们到店的时候，能直接询问："您先逛逛，我去给您倒一杯绿茶？"或"要不要来一瓶汽水？"在销售即将结束的时候，如果顾客没有随身携带水杯，或可能需要一瓶冷水来应付炎热潮湿的一天，销售员应该再作询问。

伊万·格登伯格（Evan Goldenberg）是一名酒窖设计师和制造商，他也是我的客户和挚友，同时还是一位销售大师。他曾对我说：**与潜在客户建立共同的联系，这一点非常重要。只有销售员与客户都感到舒适和信任，才能进入销售的下一环节。也就是说，在真正的销售开始之前，他们之间必须建立一种联系。**

一杯咖啡就是建立联系的好方法。

"哇，这杯免费咖啡花了我 1 000 美元！"我常常从客户嘴里听到这句话，可能不下一千遍了，我知道他们是开玩笑，但这些话总是让我很恼火，因为妈妈从来不是为了增加销量才给顾客提供免费咖啡，我们只是用咖啡表达对顾客的真诚。但当我退后一步思考的时候，我知道客户说的其实也是事实。咖啡的拥抱让他们感受到了温情和暖意，没准真的为销售做了不小的贡献呢。

丹尼·弗拉纳根（Denny Flanagan）机长是我的好友，他可能是世界上最有爱心的飞行员了。关于他的故事有很多。他曾和我分享，说咖啡是他最重要的"销售工具"之一，尤其是当事情进展不顺利的时候。

有一次，恶劣的天气导致航班延误了许久。丹尼在登机口回答乘客的问题，他顶住了压力，成功地让所有人都平静了下来。他当时还做了一件重要的事：他先煮了三壶咖啡，并向所有人分发了免费的杯子。

咖啡壶倒空了之后，丹尼继续采取措施。他去麦当劳买了70个汉堡和70个芝士堡，回来告诉乘客说他准备了一些零食。他对我说，"饥饿"是要最先安抚的情绪。也就是说，要先搞定饥饿和愤怒的乘客，其次才是孩子。

最后，这趟晚点了3小时49分钟的航班到达纽约时，乘客都带着微笑与机组人员诚挚地握手，下了飞机。

丹尼是使用咖啡的老手了。这种方法没有记录在任何一本飞行手册中，但丹尼自行开发出了一套名为"和机长一起喝咖啡"的程序。即便丹尼自己不喝，他也会一手拿着装有咖啡的钢罐，一手端着放杯子和奶精的托盘在乘客间漫步。每当这时，气氛立刻就会改变，所有皱着眉头的表情都会变成微笑。

盖丽·谢里夫（Gail Sheriff）是我们韦斯特波特店的王牌销售员。每周六都会有一对夫妇到店购物，盖丽总会切好百吉饼，一半加黄油，一半加奶油奶酪。他们不来的时候，还会给盖丽打电话提醒她，不要准备百吉饼。

先满足客户所有需要，随后销售

当气氛融洽，感觉刚好的时候，你需要给顾客，尤其是新客户，带来一点额外的愉悦感。我的哥哥比尔是有史以来最会取悦顾客的大师。对刚搬到店铺附近，第一次到店的新客户来说，遇到比尔，就是交到了好运。

前几天，我和一位忠诚的顾客讨论店铺的时候，他对我说："你知道我第一次来米切尔服装连锁店的时候，比尔做了什么吗？我们当时进来，买了东西，比尔说'欢迎来到米切尔，如果您在这个社区有任何需要，比如餐厅、医生，甚至是律师，都可以来找我们咨询，我们可以帮您解决一切问题'。我对比尔说，'我的女儿身体有些问题，需要专家来诊疗。'比尔径直走到电话前，打电话给医生，不到一个小时我们就到了医生的办公室。"

后来，比尔不仅和顾客的全家都成了好朋友，对方也成了我们最忠实的客户。而且这个故事他已经讲了不下一千遍。

这就是"预见性"的重要作用。比尔一次又一次地，轻松做到了这一点。好的销售员能够预见顾客在销售过程中的所有行动，越是回头客，预测得就越准确，因为你已经对他们了如指掌。我始终记得冰球运动员维恩·格雷茨基（Wayne Gretzky）的一句话："我要做的是将冰球滑到某处，而不是跟着它在某处滑冰。"

我记得几年前，一个著名的电视名人静静地坐在女装专区等待妻子试穿，看上去非常无聊。我就问他，"您需要读些什么吗？"他说，《纽约时报》可以吗？"我跑了三家店帮他买到了报纸。现在每次他来的时候，我都会问："您想看《泰晤士报》吗？"他会报之以微笑，然后想起多年前我们的相遇。

在你打过招呼之后，顾客通常会说，"我想四处看看。"因此你应该回答："好的，请您随意。我的名字是杰克，您看好了就叫我。"永远不要尾随着客户，你是销售员，不是警察，不用像抓贼一样，但要尽力让他们在你的视线范围内。当你发现客户遇到问题的时候，比如他要看运动衫，或者走错了区域，你就可以快速地再次介入，告诉他"五楼还有更多的运动衫"。可能客户会告诉你"我正在找鞋子。"你就可以说，"哦，鞋子在二楼，我带你去看。"

你所要做的，就是与客户建立联系。

没有"该你上"机制，也没有"佣金"机制

在许多企业，尤其是汽车经销店和服装店，都会有"该你上"的机制。销售员轮流上场，为客户排忧解难。如果有顾客上门，

且按顺序轮到了你,就是"该你上"了。

我们将做出大笔消费的顾客称作"大人物"。有时候运气好,你正好赶上的是一位"大人物",那"大人物"的这笔订单就是你的了;有时候运气差,你的反应可能就会是:"你在跟我开玩笑吗?就买一条手帕,这也该我上?"

这种机制不适合我们,我们的店铺也从来不搞这一套。在这种机制下,销售员会推来搡去地争着谁才是下一个,然后扑向顾客,这种情形和我们的企业文化相去甚远。

在我们的店铺里,首先向顾客打招呼的是离顾客最近,或最先注意到顾客的人。这是一种不成文的习惯,大家也永远不会为顾客争吵。

我们的销售员分散在不同的点位,且一直处在移动中。如果有人看到了顾客,就由这个销售员去打招呼。这就像是一场舞会,大家互相擦肩,每个人都会度过一段快乐的时光。而某个"舞伴"偶然会"选中"你,随后向你展示家中的陈设和照片。

之所以我们能够打造如此和谐的环境,其中一个原因是我们的八家商铺都没有使用佣金机制。所有人都领取薪水和奖金。我们都决定用非佣金的形式做出激励,销售员也普遍接受。

目前,在很多行业中,如货币管理、保险、房地产和一些零售商店,佣金机制有着悠久的历史,运作起来也非常有效。在这种情况下,它创造了一种竞争文化和精英管理模式,竞争与所有人息息相关,销售员根据工作效率获得奖励。

　　而且，这种机制也对企业经营有利，不仅是在经济繁荣时期，更是在经济衰退时，因为销售额下降，员工薪酬也会下降。因此在适合佣金机制存活的企业中，它能活得风生水起。

　　不过，我认为我们的行业用佣金机制无法创造最佳的工作环境。一旦建立了这种机制，员工会互相争夺客户，工作环境会变得严酷。佣金机制会诱导员工沉迷于金钱和交易，从而放弃以客户为中心的思维方式，而客户能够感受到销售员思维的转变。每当顾客上门时，员工都只会一门心思地销售更多的商品，从而忽略客户的感受。即便员工能与客户建立联系，这种联系也是基于产品的功能和优势。

　　尽管我们的工作机制并不完美，但毕竟通过补偿机制有效促进了团队合作。每个人都在销售过程中互相帮助，共同制胜，并从中获得乐趣。在珠宝或鞋子方面，你总能看到部分销售员脱颖而出成为销售专家。这些专家型员工会协助其他销售员为客户提供服装搭配的建议。

　　这种员工之间的互动会促成友谊，调查显示有些员工不愿离职的原因竟是"为了朋友留下来"。对工作的高满意度是大部分员工选择在我们公司度过整个职业生涯的重要原因之一。

　　当然，也有销售员会偷偷告诉我，工作机制的调整需要一段时间去适应。但通常来说，无论交易是谁来达成的都没有关系，他们不会感到一丝一毫的压力。而且，在没有使用佣金机制的店铺里，员工会直截了当地对客户说，他们不拿佣金，他们是米切尔家族的团队。很多时候你会听到顾客的称赞，他们会说："哇，这让我感到很舒服。"

掌握主动权，而不是等待客户的召唤

在销售商品的时候，一定要掌控住局面。然而，很多销售员会主动放弃局面的控制权。比如，当顾客明确表示自己不需要什么帮助时，销售员往往会说："好吧，那您需要我的时候就叫我。"

回答错误。你刚刚把主动权放在了顾客手中，把自己逼到一个被动的角落，苦苦等待着顾客的召唤，让他们掌控了一切，这是你需要极力避免的事情。**你的目标应该是抓住主动权，在时机成熟时与顾客产生互动。**

通常，如果客户对环境感到舒适，并没有什么特殊需要，我们都只会简单地回应道，"好的，请您慢慢看。我的名字是玛莎，您有什么想要了解的商品，可以告诉我吗？"如果顾客不抵触，稍后可以再问一遍。

我和我的哥哥比尔喜欢站在前门，与顾客见面打招呼，并在他们离店的时候表达谢意。即便他们什么都没买，我们也会询问是不是店内没有他们需要的商品。

这种简单询问的结果是惊人的。有时候客户会直接表示，他们没有找到羊绒手套或睡衣，其实这些商品我们都有，那我就会说，"如果您仍感兴趣，我们可以为您指明它们所在的位置。"

这种情况下，客户通常会感到满意。

我们的服务理念是"以客户为中心"。要明白有时候客户是不清楚我们都提供哪些商品的，如果主动权掌握在他们手里，我们可能会损失很多销售的机会。

另外一个常见的错误，是在遇到顾客时立即递上名片。这其实应该是在流程结束的时候进行。如果顾客太早收到名片，你就又会陷入苦苦等待别人联系你的境地。每次我尝试从新客户那里获取信息的时候都会问，"您有名片吗？"他们每次都会摸索着钱包，然后递上名片。而这时，我也会顺理成章地回敬我的名片。

我感觉销售就像在打网球赛，如果顺风顺水，几乎就能控制每一个比分甚至整场比赛。当我积极地调整行动，引导对方也实现自己的目标，从而实现双方共赢的时候，那种感觉太美妙了。尤其是对手还会赞美我的表现，这感觉尤其棒。

相信所有的销售员都会喜爱这种感觉。他们都想要完全控制住销售的流程，虽然销售方式不同，但所有人都非常珍惜控制权。但是要记住，在"以客户为中心"的前提下进行控制，这也意味着我们自身也在控制之中。我们要帮助他们获取想要和需要的一切，而不是出于达到我们自身的目的强制客户消费。

不是客户上门，而是朋友来访

通常在最初的会面之后，顾客会慢慢走出你的视线范围。顾客在店内浏览的时候，所有可视范围内的人都应该时刻观察顾客，或用友好的话语，比如简单的"嗨"或"早上好""下午好"等致以问候，即便顾客在进门的时候已经被问候过了。

这套理论不只适用于顾客，还适用于我们所有的合作伙伴，比如视觉展示人员、客户服务人员、股票经纪人等。如果有新朋友来访，并在你家四处走动，你能想象当他在走廊或客厅里经过你身边，而你却不微笑着说"嗨"的场景吗？那肯定是非常不礼貌的。

在面对新客户的时候，我们鼓励员工将客户介绍给我们米切尔家族的任何一员。幸运的是，我们有很多家庭成员，因此很容易在店内找到我们。除了加利福尼亚的威尔克斯·巴什福德和西北马里奥斯商店，我们出现的频率较低，在我们其他门店中，你都能迅速找到一个米切尔家族的人。

这是一个很有用的"拥抱"方式，它能表达我们对客户的重视程度。我们想要其中一位企业管理者来满足客户的需要，让客户感到自己足够重要。

从销售角度来说，这种与经营者的会面是一段神奇的经历，是一个真正的"拥抱"。我们时常出现在门店里，这一点会让顾客感到惊讶。你几乎不会在商店或公司中找到它们的所有者。无论是餐厅还是保险公司，如果你能见到它的所有者，你就会本能地产生良好的情绪体验。

因此，航空公司的机长总会尽职尽责地站在登机口处和乘客说,"谢谢您与我们一起享受此次飞行"。能和一号人物打交道,总是一种美妙的体验。

我在店铺中很容易就能被认出来,因为我脖子上总是会挂着一个卷尺。我的卷尺总是和衣服的颜色保持一致,为了能更好地测量,有些卷尺还会长出几厘米。有时不认识我的客户可能会说,"哦,您一定是这里的裁缝。"我会说,"不,其实我是这里的老板。"从他们的眼中,我仿佛能看到他们在想:"我见到了一个在冬季的星期六仍在店里工作的老板。他为什么不在佛罗里达打高尔夫球?"

我希望他们把我当作一个现实生活中诚实本分的销售员,然后我再把他们交给我们的销售员。客户喜欢我们这样的家族企业。虽然我们的竞争对手在很多方面优于我们,但与一个工作和生活都在一起的家族企业打交道,客户总会产生温暖的感觉。我们也希望客户在店铺中购物的时候,把我们当作家人一样。

多米尼克(Domenic)是我们最推崇的裁缝之一。他向我介绍了一家他光顾了数十年的电器商店。商店所有者之一托尼一直是负责多米尼克的销售员,多米尼克对他的服务很满意,与他相交甚深。

几年前,多米尼克重新装修厨房,需要一整套新家电,因此自然而然地选择了托尼的商店。他只想让托尼为自己服务,但托尼走过来说,他已经不再负责销售了,但他告诉多米尼克,他会找别人来帮助他。但多米尼克说了谢谢后,就离开了。

客户提出的任何要求，答案都是"没问题"

给客户留下美好第一印象的要点之一，是对客户的要求做出积极回应，无论是简单要求，还是让你伤透脑筋的要求。谁都可能会遇到世界一流的"抱怨专家"。但我们的理念是，**顾客向销售员或店内任何人提出要求时，得到的答案必须是"没问题"**。

我将之称为"爆米花原则"。

有天晚上我和琳达去看电影。我对电影的感觉和对销售实体店的感觉一样，我喜欢体验整个流程，大屏幕、互动、令人不快的预告片，当然还有爆米花。但我一直试图控制自己的体重，所以特意在吃晚饭的时候为看电影期间的爆米花留了肚子。

因此当我们到达影院的时候，我直接走到零食摊位，告诉服务员："给我一个小份爆米花。"

他回答道："我们超大份的爆米花，要比小份的便宜一美元。"

我说，"太好了，我接受这个价格，但请装在小袋子里。"我当时在想，如果我捧着一份超大的爆米花出现，琳达可能会感到失望，我也一样。因为我可能会增长多余的体重，这不是我想要的结果。我的要求简单易懂，但销售员答道："哦，那不行，我没法这么卖。"

他从爆米花机中捞出一些爆米花，装满一个小袋子，然后又倒进特大的纸袋中。我非常有礼貌地说："请把爆米花放回小袋子。"

他再次回答道："我不能这样做，先生，这样会违反规定。"

"真不行？"

"真不行，先生。规定不允许。"

我做了个深呼吸说，"算了。"然后让服务员把我的小份爆米花装进大袋子里，走了。

电影很好看，但我不记得剧情了。我只记得开车回家的路上，我还在想着那袋爆米花和脑海中失望的情绪。我几乎从不沮丧，而且我也成功控制了情绪的蔓延。但我还记得那袋爆米花和影院糟糕的服务。

正确的销售方式，是始终去宽容客户。如果服务人员对我说了"没问题"，并完成了我提出的简单要求，他不仅会给我留下很好的第一印象，还会带来一笔交易。

因此，要保持销售的顺利，就别纠结于爆米花的问题。

拥 抱 指 南

◎ 用微笑和积极的肢体语言和顾客打招呼，25 秒内为佳，
  10 秒内效果最好。

◎ 不要再说"我可以帮助您吗？"要说"你好！"这样就能
  避免"我只是随便逛逛"的结果。

◎ 了解并记住客户的姓名或昵称，在销售中，这是最重要
  的信息。掌握主动权，不要随意放弃，让客户知道你会
  随时关注他们的情况，而不是被动地等待召唤。

◎ 用好咖啡和其他饮料，或适用于销售的任何物品来建立
  联系。

◎ 通过说"没问题"来满足客户的要求，这样就不会被"爆
  米花"困扰。

第 **4** 章

阶段 2：解码任务

那位男士一直在看自己的手表、那位女士正在男装部来回逛着、这位顾客看了一眼衣服上的价签，差点晕过去……

线索，都是线索，非语言的线索。

反复看表的男士很着急、男装部的女士可能正在找适合丈夫的东西、看价签的顾客可能对价格更敏感且这件衣服超过了预算。

为什么要对线索产生兴趣？从某种意义上来说，销售员就是侦探。在帮助客户的时候，必须搞清楚客户是谁、他为什么很重要。每位顾客都是一个未解之谜，有些人可能需要花一辈子时间才能搞清楚。尽管如此，我们还是愿意尝试一下。

我有一些非常有目标感的朋友。他们总是在明晰了确切需求之后再走进商店，比如说他们需要一件蓝色条纹的正装衬衫，或一台 10 英寸的便携式播放器。尽管他们也承认，有时候会在看到其他选择之后改变主意，但他们知道自己是有确切目标的，而其他客户认为自己只是在随意浏览。

然而，根据我的经验，他们100次中有99次知道自己想要什么，这种想法会驱使他们走进商店。他们可能需要在重要的客户会议上穿体面的衣服，或者需要内衣，或者在5分钟以前想起结婚纪念日恰好是今天。

因此，第二个阶段是确定客户的身份、进店的原因，以及如何积极主动地为顾客提供个性化的专业服务。

我和家人说过好多次，我们服务客户的理念就是做到"感同身受"。尽管这听上去没什么难度，但只有销售员弄清楚每一位客户的需求，以及他们希望得到怎样的对待，才能算得上真正的"感同身受"。

最简单的方法，就是按照你希望得到的对待方式去对待他人。但是我发现，在销售中最好还是用客户希望的方式对待他们，这才是正解。

客户的洞察力和欲望可能和销售员不同，因此他们在此时此地的需要比销售员所臆想的需要更加重要。

在销售的第一个阶段，你应该已经形成了自己的一些销售概念，但这一点才是你需要给予首要关注的。

你如果不了解这些和客户密切相关的问题，就无法有效地进行销售。这就是为什么我认为这个阶段才是销售过程中最重要、最关键的部分。

一些销售员将之称作"读懂客户"，但我将其更广泛地理解为一个"解码任务"。

不要"以貌取人",任何人都是潜在客户

要保持包容的态度和开阔的胸怀。优秀的销售员从不会根据顾客的穿着做出判断。你永远没法通过外观来分辨客户喜欢什么、愿意购买多少,这是销售的神奇之处。我们是一家生活用品商店,人们喜欢穿着牛仔裤、运动衫和破旧的运动鞋到店,在加利福尼亚,顾客可能还会穿着破旧的连帽衫和牛仔裤。有些客户看上去似乎不会向红十字会捐一分钱,但如果商店打折出售,他们可能会把整家店都买下来。

我的一位销售员告诉我,他参加过一个世界级奢侈钟表制造商赞助的研讨会,在研讨会结束之前,有一个关于销售技巧分享的环节,一名女士率先发言:"当顾客进店的时候,我要做的第一件事就是上下打量他们,看他们的着装。"

这就是陷入"确认偏见"的一个很好的例子。这种偏见是销售员在确认信息时容易陷入的一种倾向,他们会反复确认自己先入为主的判断,并拒绝接受任何能反映出不同结论的信息或解释。

很多销售员告诉我说,有时他们看到一些顾客走进商店,但自己不愿意花时间陪同,因为他们"看上去"不像是会花钱的人。

而我会不厌其烦地讲起保罗·纽曼(Paul Newman)的故事。保罗是我很好的朋友,也是我们的一位常客。如果你不认识他,对他的第一印象就是"他可能永远买不起我们店里的东西"。他会穿着 T 恤衫、牛仔裤和太阳镜闲逛,唯一可能暴露他真实身份

的估计就是他脚上的那双古驰鞋了。有时史蒂夫·乔布斯（Steve Jobs）会穿着他标志性的高领毛衣和牛仔裤在帕洛阿尔托（Palo Alto）的威尔克斯·巴什福德店购物，情况又会怎么样呢？他们两个都是各自行业领域中的巨人，但他们更喜欢穿自己喜爱的衣服。

真正出色的销售员不会将客户划分三六九等。他们不会试图给客户归类，他们会等待客户分享自己的身份。在我们的店铺里，你永远不会看到销售员对你指手画脚。

还记得电影《风月俏佳人》（*Pretty Woman*）吗？当茱莉亚·罗伯茨（Julia Roberts）扮演的角色穿着妓女的"工作服"走进服装店时，售货员将她赶出了商店，且一路上都在侮辱她。他们不知道，眼前的女人是镇上最富有的人之一。第二天，她衣着精美，拿着一家著名奢侈品店的手袋，再次来到这家商店的时候，售货员才恍然大悟。正如茱莉亚所说："这是一个巨大的错误，巨大的错误！"

盖尔·谢瑞夫曾对我说："我在和别人打交道的时候，会把对方当成一块白板。我对他们的过去一无所知，所以我更倾向于发掘对方的优点。当你能看到别人的优点时，你就能发现他们最美好的一面。"简直说到我心坎里了。

寻找解读客户的线索

对于经验丰富的销售员来说，客户的表达方式和行为举止往往会展现出他们的特质。你需要学习的是，如何接收到这些信号并做出准确的解释。这就像是职业扑克玩家清理业余选手一样。

像约翰·希基、谢里·钱伯斯、史蒂夫·科尔曼、法兰·谢克和菲莉丝·博肖等知名卖家都是解码肢体语言的高手，他们至少花了10万个小时与新客户打招呼。他们可以判断顾客是否对自己的着装有信心，可以判断客户是否需要帮助，是喜欢购物还是讨厌购物，还可以教你判断应该先推荐昂贵的商品，还是平价商品。

有些"判断"是各行各业普遍存在的，有些则是某些行业特有的。比如，我经常从房地产销售员那里听说，带着写字夹板出现的客户不是真的去买房子的。虽然这种说法不是百分之百准确，但准确率也十有八九。

根据我的经验，我会分享几个放之宇宙皆准的判断。比方说，如果一个人看上去很严肃，甚至有些"紧绷"，这通常意味着他会有特殊而重要的需求，需要你全神贯注地应对。虽然这种需求对其他人来说可能无足轻重，但对这个客户而言却重若千钧。

有人可能喜欢在各个销售区域随意走动，同时拒绝销售员的帮助，就像我可爱的妻子琳达。这样的人通常很独立，在找到自己喜欢的东西之前是不会去寻求任何帮助的。但找到之后，他们就会希望有一个对产品了如指掌的人过来及时地提供服务。

带着小孩的顾客通常购物时间有限，除非孩子愿意在店内提供的电视上看动画片。

会翻动价签查看价格的客户更易于"阅读"。他们通常对价格非常敏感。而且当对方的眼球隆起时，你甚至能听到他们的想法："卖这么贵，你在跟我开玩笑吗？"

顾客皱起了眉头就说明，他们很困惑。我就会过去问："是有什么商品您没有找到，还是您有什么其他的需要？"

如果看到顾客情绪不佳，我就会说："怎么皱起眉头啦？来杯咖啡或饮料怎么样？是我们的员工做了什么让你不快的事情吗？你愿意和我分享一下吗？"

一个小小的"请"有时候能帮大忙。礼貌地表达，如"请"或"谢谢"等是很好的拥抱方式，但很多销售员并没有充分地利用。回想一下，你去过很多次的餐厅、商店、银行或甜甜圈店，工作人员是否花了很多时间和精力，却不愿对你简简单单地说句"谢谢"？

无论你从事的是零售业还是 B2B 业务，了解客户都是非常必要的功课。医药代表在拜访医生之后，总会希望找些时间和医生聊聊天，讨论他的产品及其对医生和患者的作用如何。

如果有些细节表现出医生今天的心情不好，大多数医药代表都可能视若无睹、继续推销。毕竟谁知道下次机会什么时候才能来？由于医药代表获准进入客户的空间，就意味着自己得到了推销的许可，因此这样的机会必须抓住。

如果事情换个方向发展又会怎样？

医药代表并没有急于推销，反而收起了自己的材料，简单说道：

"我发现您现在挺忙的。介意我下次再来吗？"

医生停下了在病历表上写写画画的笔，说道："这是我今天听到的最贴心的话了，谢谢你。下次您再到附近办事的话，请您务必过来，我一定会抽出时间见您。我今天太忙了，可能无法去参加女儿的壁球练习，但她的运动设备还在我的车里。"

这时医药代表提出了一个问题，并改变了两者之间的角色关系："需要我帮您去送运动设备吗？"

这种体贴让医生大吃一惊，并感激地接受了这个建议。不光是下次，每次医药代表过来的时候，医生都会尽力给予帮助和照顾，并深深记下了对方的名字。

这个示例告诉我们，拥有"以客户为中心"的思维方式，学会"阅读"对方是非常重要的。

如何快速找出客户的"任务"

在客户到店且与你打了招呼之后，你需要问自己一个问题："他为什么会来这里？"在我们的店铺中，我们习惯称客户是"带着任务"来的。那么，销售过程中一个很重要的部分就是搞清楚客户的"任务"究竟是什么，以及如何完成它。这就是我将这个阶段称作"解码任务"的原因。

很多情况下，客户到店的原因是他们需要某些东西。比方说，用了十年的割草机坏了，或顺利通过了首次面试，需要一些好看且合适的衣服等。但在许多情况下，即便没有什么急切的需求，客户照样会登门拜访。比方说在我们这样的高档服装店中，不会有什么客户急需的东西，除非客户需要出席葬礼、婚礼或其他特殊的场合，或一场大火烧光了客户全部的衣服。

但人们总会有消费欲望和其他理由，促使他们购买衣服、地毯和床头柜。旧车经常发生故障，修理费用高昂，这时应该去买新车。但即便旧车运转良好，人们还是想要新车，这又怎么解释呢？请记住，大多数人的购买行为都是源于情感，只不过是在后期用逻辑对购买行为进行合理化罢了。

你一定要搞清楚这一点。

我鼓励手下的销售员要尽快找出客户的"任务"，这能帮助我们判断该向客户提供哪个种类、哪些风格，以及何等价位的服装，并与客户建立良好的关系。

面前的这位绅士或女士是在适合商务着装的企业工作吗？如果是，又是在哪家公司呢？摩根大通集团？高盛集团？苹果公司？Instagram 公司？谷歌公司？还是 facebook 公司？我们从以往服务的经验中发现，这些公司之间存在着细微的差别。若客户是软件工程师，在工作时间内几乎不会见到其他人，这就是一种完全不同的着装需求。

通常客户会走近说，"您这里有正装吗？"我总是对孩子循循善诱地说："你们还记得在二年级时，学习单数和复数的区别吗？如果这位先生没有强调单数的正装，我们就不能单纯地理解为

'一套'。虽然他可能只想要一套，但我们不妨努努力卖给他两套、三套、四套，甚至五套。"

顺便提一句，当和客户聊到"职业"这个问题时，你可以通过一句话树立起一个专业人士的形象，比如"我在威尔克斯·巴什福德工作了 22 年"或"我在这行干了 30 年"。这一点会让顾客肃然起敬，反正在我们店里是这样。

你评估客户时，客户也在评估你

在你忙着"阅读"顾客的时候，对方也在"阅读"你。但他们的关注点和你的关注点大相径庭。那他们想知道些什么呢？你关心我吗？你是真心的吗？你有能力服务好我吗？你值得信赖吗？如果某件衣服穿在我身上并不合适，你会告诉我吗？

别忘了，大多数客户都带着戒心，因为他们遇到了太多"以自我为中心"的销售员。所以，虽然客户可能不太清楚"以客户为中心"是一种怎样的理念，但他们能迅速判断出你是不是这一理念的践行者。

鲍勃·米切尔过去总是买完全相同的车，相同的颜色，相同的配件。一旦他产生了买车的想法，他就会走进当地一家经销商店，问"肯在吗？"，肯是他的御用销售员。

"肯现在不在，我可以接待你。"肯的一位同事，山姆说。然后他看了看手表，又说："但我们再过 10 分钟就打烊了。"

鲍勃说："但我知道自己想要哪款车。"

"好啊，"山姆粗鲁地说，"你想要哪款？"

但鲍勃扭过头，去了竞争对手的店。

即便顾客"御用"的销售员不在场，或者还有几分钟交易就结束了，你也要以同样的笑容和热情去帮助客户，否则你失去的不单是这笔生意，还有一位忠实的客户。

如果想要客户感受到你的关怀和看重，就需要真诚地表现出你对他们是感兴趣的。正如戴尔·卡耐基（Dale Carneige）曾经说的那样："让其他人对你感兴趣，你可能会在两年内交到朋友，但如果你对其他人感兴趣，你就能在两个月内交到更多的朋友。"

不要急于寻找下一位客户，不要频繁查看到没到午休或下班的时间。要全身心地投入面前的客户身上，培养耐心的美德。

两步原则：带着紧迫感聚焦前方

每当我们的销售员走过一位看上去无所适从的客户时，销售员都会以友好的问候或发表评论来确认客户的需要。评论可以是任何形式的，能与客户产生互动即可。你可以称赞客户的衣着，比如："哇，您这件亚麻衬衫真漂亮。"或者也可以单纯地用"您好！"打招呼。

我们的零售顾问迈克尔喜欢和顾客聊自己的产品。当他指出客户身上的毛衣是 100% 纯羊毛的时候，他会说，我们有一条能和它完美搭配的裙子。我对于不活跃、不专心的销售员容忍度是零。有时我会四处闲逛巡视。

如果我在女装部看到两位拿着衣服的女士，而年轻的销售助理则在一边敲打着计算机。这时我就会说，"有人在帮助这两位女士吗？"销售助理回答，"哦，她们只是随便逛逛。"我就会问自己一个问题：这个家伙最后能成功回到客户的身边吗？

我都不记得有多少次去餐厅，看到六个服务员在我身后聊得热火朝天，而我必须出言打断，然后求着她们给我倒杯水。或者当我已经做好喝杯咖啡享受甜点的准备了，但她们又不知游荡到什么地方去了。

这里的关键在于，你必须时刻保持警惕，做好销售的准备，要保持移动，并准备随时说出一些令人愉悦或有所助益的话。

在这样做的同时，还要有一定的及时性和生动感。

这就是我所说的"两步原则"。它的名称来源于理查兹店内销售员埃德·沙切特（Ed Schachter）一个根深蒂固的习惯：他每次走楼梯时都要一次跨两个台阶。我的儿子罗素注意到了这一点，他发誓自己也一定要做到。这个决定不仅改善了罗素的健康状况，还能时刻对他做出提醒：**时间很紧迫，行动要迅速**。

很快我也成了"两步原则"的践行者。

前几天，我去哥伦比亚大学看几名研究生，停车时不得不停在了低层。我和两个二十多岁的人乘一部电梯，我习惯性地笑着问候了他们，"还好吗？"其中一人回答说，"我真的很累，"然后又补充道,"但我要继续努力。我在找一份新工作,然后继续前进。"我们下了电梯。

我一步跨上两个台阶,转过身,发现他在我身后。我说:"我可以给你个建议吗?我的一位朋友很久以前告诉我,你应该一次迈出两步,尤其是在申请新工作的时候。"

他直视着我说:"我很感激您,先生,真的非常感谢。"我对他说:"祝你今天愉快。"然后一次跨两个台阶,爬上楼去了。

我将"两步原则"解释为"带着紧迫感聚焦前方"。

分享领地,让客户宾至如归

一直以来,我最喜欢的书都是《非洲创世纪:关于动物起源和人类本性的个人调查》(*African Genesis: A Personal Investigation into the Animal Origins and Nature of Man*),作者是罗伯特·阿德雷(Robert Ardrey)。这本书讨论了所有人类根深蒂固的动物本能。我认为这些本能也适用于销售的过程。

包括人在内的许多动物首要也是最重要的本能,就是领地意识。从鲸到猴子,再到蝴蝶,阿德雷举出了大量的关于动物领地意识的例子。人们也会在房屋、公寓和高尔夫球场周围树立围栏或石墙来划分领地,隔绝入侵者。

销售员总是希望客户感到舒适,而客户在自己的领地上才是最舒适的,曾就职于摩根大通集团的王牌销售吉米·李(Jimmy

Lee）曾被称作"身价万亿的男人"。他有一个被人熟知的习惯：无论距离多远，就算是要坐飞机，他也要飞到客户的领地去完成交易。因为他知道客户在自己的地盘上会更安心，更愿意达成交易。

当然，我们将每家店铺都视作自己的领地，但是为了让客户在进店后感到舒适，我们就要让他们产生"回到自己领地"的感觉。这种感觉能大大改善整个销售过程。

"分享领地"的原则适用于任何一个营业场所。为了达到这个目的，你可以向客户展示所有商品的位置，让他们摸清商店或陈列柜的每一寸，告诉客户服务台在哪里，西装在哪里，鞋子在哪里，为孩子准备的电视机在哪里。突然间，仿佛什么开关被打开了一般，你的店铺就这样变成了客户的领地，与他们发生了情感上的联系。

我曾听说有人在大型折扣店内，问了三个销售员才搞清楚洗手间在哪里。如果这里是你的地盘，这种情况会发生吗？

在销售过程中，我们会在新客户询问之前，就主动告知洗手间的位置。没错，这也是一种拥抱。

有时候，我们会把顾客带到后方的裁缝间，以便他们能直观地看到或感受到这块区域。如果我们不得不因为某些紧急情况对成衣做出什么修整时，客户也会欣然应允，因为他们亲眼看到了这个过程，知道我们为什么会这样做。我们的领地，就是他们的领地。

跟随客户的节奏，成为客户的"镜像"

在销售过程中，你要做客户的"镜像"。为销售定下基调的应该是客户，而不是你。如果他们雷厉风行，你就要保持相同的步调，甚至要领先于他们；如果顾客一丝不苟、注重细节，或者行动缓慢，你就要相应地放慢说话速度和步调，有时候你甚至感觉自己在做慢动作，这一点对我这种活跃分子来说有时会很难。

不要小看这个原则，它会影响客户的观感。如果你比客户快，他们就会认为你咄咄逼人。违背客户的意愿去"驱赶"客户会让他们提高警惕，这就是为什么有时候"以慢打快"反而是销售正道。如果你远远慢于客户的步调，客户就会对你形成一种"无能"的印象。

哪怕你能在 10 分钟内卖掉一身西装，但如果客户需要花上一小时，你就要陪他一小时。如果顾客想和你聊聊现代舞，而你却讨厌现代舞，那你也必须咬着嘴唇奉陪到底。而理想的情况是，你通过一些问答搞清楚了客户喜欢现代舞的原因，然后自己也爱上了现代舞。

好的销售员能评估出客户所需的时间。有时，客户可能会告知你"我很着急"或"我需要在 35 分钟后去赴一个午餐的约"。然而有时，你只能通过客户交谈、走动的速度来做出判断。

在我与销售员聊天时，我对他们说，当顾客走进店门之后，我总是会想象有个沙漏倒了过来，然后在心中随时查看沙子流失的情况。男性顾客很少会让购物时间超过 45 分钟，所以你的沙漏能用 45 分钟即可，但女性顾客会用更长的时间，且相互差别巨大。因此，要做好速度的评估并随时进行调整。

很多时候，如果客户很着急，我就选择什么都不说，只是微笑着倾听他们的话，他们经常会立即说出自己需要的是什么，这样我就能迅速地为他们提供服务。

有两个客户总是看上去特别忙碌。我曾开玩笑说，和他们做交易的时间只有 5 分钟，最多 7 分钟，就算把他们从头到脚包装好可能也花不了 10 分钟。他们都是可爱、体贴、成功的男士，但也是典型不喜欢购物的男性高管。

在和他们做交易的时候，就像是正在经历橄榄球比赛的最后 2 分钟，一切行动都必须以最高效率进行。他们会在试穿鞋子的同时试穿西装，然后草草看一眼衬衫和领带就点点头表示应允。一旦 5 分钟或 7 分钟的时限将至，销售员就会问，"我挑选了一些和新衣服搭配的衬衫、领带和鞋子，您看可以吗？"

如果他们信任你，喜欢你的品位或知道你对他们的喜好了如指掌，他们肯定会同意。

用好耳朵，比用好嘴巴赚得更多

销售员常常因"喋喋不休"而臭名昭著。虽然不是全部，但我能肯定大多数销售员都喜欢讲话。有些人甚至因为话太多，常常自己打断自己。话多不是什么好事。尽管大多数人认为所谓销售就是在讲话，但事实上销售更多的是在倾听。倾听是销售员迈向卓越的重要技能。根据我个人的经验，**销售员用好耳朵，比用好嘴巴赚得更多**。

我的朋友史蒂夫·德卢卡（Steve DeLuca）是美国运通出版公司（American Express Publishing）的高级副总裁。他曾经对我说："你的耳朵才是保证销售量的法宝。只要你愿意倾听客户的心声，他们就会告诉你，自己的诉求究竟是什么。"

你必须保持谦虚的心态，才能对不清楚的事情有所了解。否则，你肯定什么都听不进去。而最令我惊讶的是，竟然有如此多的销售员不清楚这个道理。我一次又一次地发现，大多数新员工都认为交谈和介绍是实现销售最重要的因素。但是，如果你搞不清楚客户为什么要来店里，又如何能机智地进行营销呢？如果顾客上门来买洗碗机，你却开始谈论各种品牌的冰箱，那你觉得客户能买账吗？

毫无疑问，聆听比交谈更有用，而且更具挑战性。光靠说是卖不出东西的。

请记住，"聆听"并不只是耳朵的特权，眼睛也能行使这个功能。你需要时刻注意客户在做什么。比如，如果客户正在研究领带，你就应该说："看上去您需要一条新领带。"如果有人在看西装，你就可以问："您是要参加什么特殊活动吗？""您需要一套工作装还是休闲装？"或"您想要试一件吗？"

如果你向客户展示了超出他们消费水平的商品，一方面会浪费他们的时间，另一方面可能会让客户感到羞辱。如果客户自称是国际银行家，或者你发现他穿的外套和鞋子都是顶尖品牌，那么你就能放心地认定他买得起高档服装；如果对方是学生或年轻的管理人员，还向你询问起价格来，那就向他展示可承受范围内的商品。

别忘了聆听、聆听、再聆听。

你需要像朋友一样和客户开启聊天或对话，这样就能让对方保持开放的心态，坦率地承认自己在寻找什么。杰出的销售员能自然而然地做到这点，并让客户产生"购买"的欲望，且没有任何"被营销"的感觉。

那么买卖双方对话的比重要怎样才能达到平衡？从某种程度上说，这取决于对方是新顾客还是回头客。对于新顾客来说，你需要让客户多说话，以便更好地了解对方。我认为合适的比例是，你说40%，客户说60%，如果能做到三七开那就更理想了。

虽然销售员能掌控销售的流程，但让客户多说话，更能让他们产生"把控全局"的感觉。如果销售员能掌握一门或多门外语就更好了。用客户的母语进行交流，他的体验就会再迈上一个台阶。但无论你使用哪种语言，沟通技巧才是关键。

优秀的体育节目主持人吉姆·纳茨（Jim Nantz）搬到韦斯特波特之后告诉我，之所以自己会搬到这座小镇，是因为卓越的体育播音员吉姆·麦凯（Jim Mckay）和温·艾利奥特（Win Elliot）

都住在这里。吉姆非常珍惜自己向他们学习的时光。他常常想起温·艾利奥特所说的："永远要先听观众发言，再和他们交谈，而不仅仅是你说他们听。"

吉姆跟我的哥哥比尔分享说，温·艾利奥特的这句话是他成为优秀体育节目主持人的秘诀之一。因此，我们也一直敦促手下的销售员这样做：先听客户说，而不是你说他们听。

对于在商店、停车场或飞机上的服务人员来说，这个建议同样适用。

拒绝倾听造成的损失

我来分享一个我的一位执行助手杰姬关于倾听的故事，或者说是一个关于"没有倾听"的故事。

有些人认为，所谓倾听，就是在别人说话时保持安静。你是不是也有很多类似的经历：你希望对方能倾听你的话语，却从对方的表情上发觉其实他们并没有听。此时对方可能正忙着思考接下来自己要说些什么。

故事是这样：杰姬正在家中使用热水，15 分钟后，热水突然断掉了。维修公司派来一名人员，说之所以出现问题，是因为杰姬把温度调得太低了。随后维修人员顺手把温度又调高了几度。杰姬反驳道："一年以来，我们一直把温度设置成 50 摄氏度，为什么这次用了 15 分钟就没有热水了？"

对方给了杰姬一套关于水温差的解释，杰姬认为对方只是编造了一个理由。她对维修人员说，在水箱变热之前他不能离开，她需要随时监测温度。

她试了试浴缸水龙头，确定水温很快就冷了下来。对方告诉她需要换一个新的水龙头。杰姬没想到对方此时仍在试图骗自己，她指出，所有水槽中的水都是冷水。

对方的新答案是，杰姬的热水器都用了九年了，必须更换。这种答案是认真的吗？

在花三千美元购买一台新热水器之前，杰姬向父亲一位从事水暖业的朋友打了电话。父亲的朋友检查后发现，水管已经锈得不成样子了，充满了沉积物，他对这样的水管仍能排出热水表示了惊讶。接着他清理了被沉淀物糊住的加热器，还更换了连接加热器的水管，随后，热水器就恢复了使用。

而那位维修人员压根就没把杰姬的话听到耳朵里。在给出自己蹩脚的解释时，也没看着她的眼睛。杰姬对此怒不可遏，虽然她是这个热水器品牌的老用户，但她还是义无反顾地换了新公司。

我的朋友大卫·J.赖福尔（David J. Leffell）博士是耶鲁大学医学院皮肤病科和外科教授。在我们谈论销售问题时，他提醒我说，销售在医学上也很重要："把解决问题的最佳解决方案'卖'给患者是我的义务。"但他又说，在医患沟通方面的研究发现，大多数医生在就诊开始一分钟后就会打断病人，这个统计数据并不令人欣慰。

聆听的艺术不仅要允许患者"说出自己的问题"，还要开发出特殊的"声呐"来接听患者未能启齿的隐藏要素。

他给我举了一个例子："我曾接待过的一位女性患者在'失踪'几年后再次出现在我的办公室。之前她从未对美容表现出浓厚的兴趣，这次却开始问我可以通过哪些措施来改善自己的容貌。她对这个问题的感兴趣程度远超常人。她对我倾诉了很长时间，而我只是问道，'你还有什么其他事情没对我说吗？'"

"她闭上嘴，抽出纸巾开始哭泣，说大概在八个月前，她和自己相濡以沫数年的丈夫分开了。如果我在她说出自己想法之前就打断了她，可能就永远失去了解真相的机会，也就没法知道她为什么要来。"

给你们一个很棒的建议：不仅要聆听别人说的话，还要聆听他们没有说出来的话。

"探测"与客户建立长期联系的方式

优秀销售员的最终目标，是与客户建立长期的私人关系和合作关系。为了达到这个目标，你需要从职业、家庭和个人这三个维度来了解客户的一切。这不仅会为一次的销售提供助益，还能带来长期的效益。这一点是我要重点强调的。

这种了解需要精妙的手段，即所谓的"探测"。切勿直接去"问询"客户，而是通过对话来收集信息，绝不能操之过急。你需要营造一个友好舒适的环境，让客户意识到其实共享个人信息对他们是有利的，这样客户才能让销售员更好地为自己服务。

一个简单而重要的问题是，"您从事什么职业？"如果客户说"我是银行家"，你就要问是哪个银行。或者你还可以问，"您的工作环境是什么样的，要求着商务正装还是商务休闲装？"如果客户是律师，那他经常出庭吗？还是整天在办公室从事法务工作？如果客户准备买休闲装，那你就要确认他是喜欢打高尔夫球，还是喜欢远足、钓鱼。

你需要关注的不仅是当前这一笔交易，之后的交易也很重要。也许一位喜欢打高尔夫球的女士是一家银行的行长，这就意味着在将来某个时刻，她可能会需要商务礼服或正装。

你还可以通过告知客户自己的信息，来获取对方的信息，这被称作"信息交换"，例如，你喜欢什么食物、喜欢去哪里度假。通过分享自身的信息，可以诱导客户展开同样的分享。

对于回头客，你应该基于目前已经掌握的信息，进行友好而个性化的服务。比如，你可以说，"我听说那个活动非常棒。"或"这件事确实很有挑战性。"注意，在向客户讲述自己的故事之前，先认真听完客户的故事。

不要害怕向客户提问题。大多数销售员都不敢提问，他们担心自己会冒犯，或通过其他某种方式激怒客户，但其实大多数人都喜欢谈论自己。

在攀谈的过程中，尽量使用开放性问题，避免那些会以"是"

或"不是"结束对话的问题。与使用"是"和"不是"做出回答的问题相比，开放性问题能帮助你收集更多的信息。

像我们的服装行业，就可以问客户："您是否会经常出差？"（这有助于确认适合客户的面料）"您打壁球吗？"或"您养猫吗？"（这有助于了解客户的生活方式，以便我们给出合适的着装建议）。

出色的销售员还应该对新客户或回头客的私人衣橱，以及他们如何更新私人和工作着装有明晰的概念。

要记住，你得到的每一个答案，都能给你提供一个能够维系客户的新方法。

我们杰出的一位经理，杰夫·贾雷利克建议，销售员要假想每一位客户的额头上都有一个大写的 A，A 是 Anniversary 周年的首字母，以此来提醒自己要询问客户是否正在为周年纪念日挑选礼物。这是一个很有用的建议，对珠宝业务尤其关键。你肯定不敢相信客户能为周年纪念礼物购买多少珠宝。

因此，我们敦促销售员通过各种方式询问客户的各种周年纪念日。例如，"莱尼，你的周年纪念日是什么时候？"或"您是在几月结的婚？"如果你能让客户不经询问，自己把结婚的年份日期和盘托出，就是最理想的状态了。

如果你觉得他们有所顾虑，就可以开个玩笑，"哦，我就是想看看你是不是记得。"借此含糊过去。

或者你可以"交换信息"："你知道吗，我和琳达是在 6 月 16 日结的婚。几年前我们迎来了金婚，真让人不敢相信。""交换信息"

是一种简单却非常有用的方法，能帮助我们增进和客户的关系。

我以杰夫的想法为基础，又提出了"B 战略"，B 是 Birthday 生日的首字母。我们的特色之一，就是向客户发送生日贺卡以及价值 100 美元的礼品卡。这不仅是一个小小的拥抱，还是另一种吸引客户回访的有效方法。

还有"C 战略"，C 是 Creative 创意的首字母，给顾客极富创造力的额外"拥抱"。这个策略来自我们店铺内的金杰、盖尔、史蒂夫和雪莉。

为了通过电话或邮件及时跟进，销售员会需要客户住所，有时甚至是第二住所的邮寄地址，以及客户助手的姓名和电话号码。对我们这样的企业，或金融服务公司、大型汽车经销商来说，如果想要开发个性化服务，就必须收集这些数据。

如果想了解更多的信息，还要用好互联网，用好谷歌。包括可以在谷歌上搜索到的客户本人及其公司的信息，还要查看他们 Facebook 上的个人资料，以及 Twitter 的个人主页。

要习惯于问客户："你喜欢做什么？"

他们喜欢热气球？写在本子上。

他们喜欢八卦？记下来。

他们在后院养了几内亚母鸡？那太好了，这可是个独特之处。

从各个层面去发掘客户的兴趣，是销售的基本原则。

客户最喜欢的颜色是蓝色还是棕色？他们喜欢旅行，还是讨厌出门？他们家里养了什么宠物，是狗，还是猫？他们是喜欢高

尔夫球，还是网球？是已婚，还是离婚？喜欢看《纽约时报》还
是玩手机？

　　了解客户孩子的姓名、生日和爱好，了解他们是喜欢游泳、
骑马还是做手工。我们的销售员还记录了客户宠物名字，他们还
知道客户每年八月都去参加漂流、喜欢新泽西州的博览会等。

　　看到了吗，在记录这类信息的时候，你就可以与客户建立
起私人的联系。这表明除你销售的产品和服务之外，客户还需
要你的关心。曾经有人告诉我，当餐厅侍应生提供了优质的个
人服务后，连牛排和金枪鱼都变得更美味了。现在我觉得，这种
说法完全正确！

　　你甚至可以将这个信息收集的过程也当作是给客户的一个
"拥抱"。我在进行"探测"的时候，会从裁缝店内拿出一张写着
"特别"字样的纸条。

　　我会在纸条的背面写下从客户那里了解到的信息。通常他们
会问我为什么要把信息写下来，我则会将纸条举起，露出正面的
"特别"说："因为您对我来说很特别。"

　　听上去似乎挺老套的，但人们会因此而微笑，甚至大笑。只
要能让顾客笑起来，多少努力都是值得付出的。

　　我们的目标是让店铺内每个人都能为客户创造出良好的氛围，
然后让客户成为自己的朋友。这没什么坏处，而且很有趣，朋友
之间也会相互推荐美好的事物，这会让生活更加有趣。

　　要记住，每一笔交易的核心都是良好的人际关系。

如何让客户从"被营销"转向"我要买"

在进行"解码任务"时，可能会同时涉及销售的情感部分和事实部分，这是销售活动的两个驱动力。

最近出现了一个相对较新颖的心理学概念，称作"情绪智力（emotional intelligence）"，它会在销售过程中起到重要的作用。**简单来说，"情绪智力"是评估、理解和回应自身及他人情绪的能力。**如果缺少这项关键技能，你就无法成为一名成功的销售员。

因此最为重要的是，你需要发掘自己和客户，特别是你不太了解的客户之间情感上的联系。你需要确定客户对衣服、香水、牙膏、汽车有着怎样的情感。客户只是喜欢刷牙，还是真的想要了解佳洁士和高露洁在特性上有什么区别？

那么你和客户能在哪些方面达到共情？可能是婴儿车中的婴儿，或者是对多久洗一次头发的讨论，可能是对母校是同一家学校的感慨，还可能是和星座、养蜂，或其他能促成关系诞生的"神奇时刻"的任何话题。

我一位做顾问的朋友乔恩，曾经是 IBM 的销售员。他对我说："我成功的关键在于，每次我走进客户的办公室时，都会留心其中的陈设，观察有没有与客户妻子、孩子、旅行，以及高尔夫俱乐部相关的照片。他到底是什么样的人，他所牵挂的都是什么。这些就是我在销售开始时，首先要谈及的话题，也是最后必须谈论的话题。这就是我和顾客建立联系的方式。"

我的朋友皮特任职的公司在阿拉斯加有一家旅馆，我会时不时地去住几天。他告诉我说，每次和顾客闲聊时，他都会询问对方参观过哪些国家公园，并向顾客透露，自己的终身目标就是参观一百座国家公园。他把国家公园的话题当作和顾客产生联系的点。在聊天过程中，他总能找到一个自己和顾客都去过的国家公园，像黄石公园或约塞米蒂国家公园。

皮特还喜欢跑步，他表示马拉松比赛也是另一种接触客户的方式。这让我想起了我们在理查兹的销售员乔·考克斯（Joe Cox），我不止一次看到过乔用跑步方面的话题打动顾客。

除此之外，杰克·科扎克（Jack Kozak）喜欢大都会队，擅长和关注赛事的顾客谈论棒球；金杰·柯米安喜欢通过园艺、绘画或服饰中的色彩将自己和客户联系起来。

一旦建立了联系，买卖双方就可以在未来的接触中扩大共同利益，并逐渐将之发展成友谊。

我要补充一点，"情绪智力"通常是让顾客实现从"被营销"向"我要买"转变的关键因素。

那么如何使客户与你所销售的产品或服务产生情感联系呢？我的建议是一定要问对问题。曾经有一位客户去了汽车经销店，在谈论一辆特定的汽车时，销售员忽然问他："对您来说，驾驶体验有多重要？"客户的"情绪智力"在答案中得到了完全展示，他说："我从不关注。我觉得汽车只是将我从一个地点带到另一个地点的工具。"你可以想象出这句话的威力有多大。

建立信息系统，有效预测客户需求

在了解客户相关信息的时候，千万不要盲目信任自己的记忆力。优秀的销售员会记下像客户数据、任务清单、想法、目标等所有内容。在过去，销售员选择将这些信息写在本子上，或者像理发师、造型师那样牢牢地记在脑子里。现在，你可以将信息输入计算机。

你需要建立一个信息系统，其中包含和销售相关的重要基本数据，但它的功能远不止如此，它甚至还能帮你更加深入地了解客户。

我们的家族企业始终致力于成为一家信息驱动型公司，这让我们与众不同。我们的客户信息系统名为 PCRM，是"个人客户关系管理"的英文缩写，是"以客户为中心"理念的实践产物。

许多公司自以为了解了营销的全貌，他们知道发生了什么，例如，客户买了这盏落地灯，买了那个床垫。但很少有人知道客户为什么会这样做，为什么选择这些特定产品。我一直认为，只有在了解顾客生活的前提下，才能搞清楚客户为什么会这样选。

人们常说，很多决定都不是理性选择的结果，这一点在零售业尤为正确。驱动我们做出消费选择的诱因有时候很难说清楚。就像一项研究发现，当顾客走过散发着烤面包香气的面包店时，他会更容易地做出一些善举，比如告诉陌生人东西掉了。

深入了解顾客的生活方式、性格，甚至愿望等，销售员能更

好地知道如何让顾客摆脱非理性的决定，从而收获更高的满意度。

这个方法已经嵌入我们销售流程的方方面面，使用起来也非常简单。假设一位顾客上门，你怎么也回忆不起他的名字。于是你说道，"很高兴再次见到您，但是很抱歉，我忘记了您的名字。"通常客户会说，"没关系，我叫雪莉。"然后，我会在客户没留意的时候，用笔在纸上记下。

如果你忘记了顾客在哪里工作，好像是会计师事务所或是美甲沙龙，但你觉得这类信息应该在系统中有录入，就进入计算机系统迅速地瞄一眼，然后就可以若无其事地问："沙龙的生意怎么样？"如果你在记录中还看到顾客是巨人队的球迷，就可以接着问："您觉得巨人队能进季后赛吗？"或者从记录中挑一些其他的实际问题，比如："听说您的小女儿贝丝最近回来找工作了？"

你还可以看看有哪些信息是缺失的，然后设法获取这些信息，比如生日或最喜欢的食物等。我们的销售员最关注的是，顾客的另一半是否也是我们店铺的客户，如果不是，就会在之后的接触中尽力促成身份的转变。

当销售员能全面地了解客户的生活和思维方式后，销售员就能理解为什么客户需要这件夹克而不是那件、为什么要购买那件毛衣而不是这件。

如今，我已经完全掌握了相机对焦的技术。在销售时，我也像在拍照一样，确保每个镜头里都能同时看到丛林和树木。当我将焦点放在一棵树上的时候，也通过聆听和查看去探究这棵树背后的森林世界，尝试着想象出每位客户在人生不同阶段的最佳服饰搭配。

很多年前，我特别喜欢给别人拍照，尤其是在旅行的途中。我会将焦点聚集在人的脸上，然后再将镜头缓缓拉远，将对方放置在一个适合他的环境之中。自然而然地打开"相机"为客户服务，我相信我们杰出的销售员也能做到这一点。

这套信息系统不应该是静止不变的。你需要不断学习，添加新事物，增强对信息库的管理，即便对方是忠实客户，即便你已经了解了对方人生的方方面面。

事物是不断发展变化的，客户可能养成了新的习惯，有了新的爱好、新的配偶、新的工作，还可能有了孩子。总会有你从未听说过的新消息："我最近在尝试冰钓。""这是我第一次学习烹饪。""我在梦游的时候弄丢了假牙。"

要记住，某些关键的生活变化会带来意想不到的销售机会。比如在服装行业，顾客体重的变化就是一种商机，离婚也是。这些都会造成顾客要开始一种完全不同的生活。

还有，就是要谨慎地记录一些事实。有些人会有两个甚至三个独立的保密账户，一旦搞混可能会造成灾难性后果。要记住，这些数据都必须是绝对保密的。

技术的发展使我们能更轻松地记录下从 1989 年以来向每位客户做出的每一笔销售，我们把这项内容称之为 SKU 系统。

自 2014 年秋季以来，我们在 SKU 上为向每位顾客售出的每一件商品都添加了图片，为米切尔服装连锁店建立起了字面意义上的虚拟衣橱。

每当我和其他零售商谈及此做法时，都会引起惊叹，他们都惊讶于我们竟然还保留着所有的历史数据，他们往往在几年之后就清理掉了。好吧，我们的感觉是，只要肯深挖，总能从历史数据中挖掘到金子。

假设一个家庭有五个孩子，其中小女儿要结婚，母亲不确定自己要在婚礼上穿什么衣服。销售员在检索数据库之后说道："您还记得您在大女儿婚礼上穿的那套礼服吗？粉色波纹的那套？"

客户会惊叹道："我的天，你怎么还记得？那可是十年以前的事儿了。"而我们只是笑笑，不说话。这就是技术的力量，它比最资深的销售顾问的记忆力还要好。

就我看来，在每位客户的个人记录中添加商品图片是一个了不起的突破，也是我们"拥抱"的一种方式。销售员可以借此为客户推荐围巾、领带、皮鞋或其他配饰，来丰富完善顾客的衣橱。

对于一位因体型或生活方式彻底改变的顾客来说，我们能够想象出她衣橱的模样。我们的销售助理不仅帮客户完成了衣橱的清理，还用我们店里的时尚新款塞满了顾客的衣橱。

这是非常重要的一点，我们的信息系统在客户再次进店之前就已经做好了评估。当顾客真的前来光顾的时候，销售员只需要花上几分钟就能查看计算机中保存好的数据。

销售员有时候会注意到，某位客户的信息仍存在一定程度的缺失，于是他便会在心中暗暗记下，以便在客户再次到店的时候获取。销售员还会浏览客户最近的购买记录。

如果上次客户购买了运动外套，销售员就会放下手中的两件正装衬衫和三条领带，转而去挑选几条和运动外套相配的裤子，再加上两件和运动外套配套的、带着休闲商务风的运动衬衫，和一条皮带、一双休闲鞋。

销售员又记起这位顾客不喜欢在运动外套上花太多钱，于是又选择了价格更为亲民的款式。而这一切的准备，都在客户开始闲逛之前就做好了。

这适用于任何行业的销售。我曾听说，BKD 会计师事务所在会见客户时，总会将室温保持在客户喜欢的范围内。当客户前来会面时，会务人员需确定会议室正处于客户喜欢的温度之中。这看上去只是一件小事，但当数不胜数的小事聚集在一起的时候，往往就具有了撼动乾坤的力量。

要注意的是，无论你进行了多少次"探测"，也总会有遗漏的地方。遗漏往往意味着出洋相。我们的一位销售助理有一位这样的客户，他喜欢在每个假期都送给妻子一份精美的礼物。那天是圣诞节，销售助理想出一个绝佳的礼物备选：当时一款非常漂亮的皮草背心刚刚问世。她热情地向客户做了展示，滔滔不绝地介绍着产品信息。

客户大笑起来，说道，"我也觉得这是一件美丽的杰作。不过穿着狐皮背心参加世界野生动物基金会的董事会议，会不会不妥啊?"原来,客户夫妻两个都是董事会成员。由于买卖双方关系很好,此事也就一笑了之了。但我的同事仍旧感到非常尴尬,因此她在顾客的档案里大大地写上几个字:"不要皮毛制品!"

不要出现连续上门 40 年的"新客户"

最让我惊讶的是,虽然近些年关于大数据的讨论甚嚣尘上,大多数的公司却都不会保留关于客户的任何数据,他们最关心的问题是:"您想怎么付款?"

那么大多数公司都做什么了?他们去收集产品信息了。举一个例子,研究表明,当露点(在空气中水汽含量不变,保持一定气压的情况下,使空气冷却达到饱和时的温度称为露点温度,简称露点)降低到一个特定浓度时,驱虫喷剂的销量会大大增加。因此,一些商店就开始研究露点,当露点下降时,商店就会增加驱虫喷剂供应,并将喷剂布置在结账柜台附近便于拿取的位置。

很显然,大部分商家都不了解技术在客户研究领域的价值。因此,他们拒绝建立和使用信息系统。还有许多公司虽然收集了客户信息,却很少,甚至从来没有去使用过。客户信息就这样被弃之不顾了,就像外祖母家藏在阁楼上的文件箱一样,布满了灰尘和蜘蛛网。没有得到利用的信息,即便收集过来也派不上任何用场。

少数服装零售商会收集顾客的尺寸,以及颜色和面料偏好等数据,但即便记录下来,过两年也删除了。能保留顶级客户信息

"账本"的销售员凤毛麟角，普通客户的信息更是被弃如敝屣。

其实也没什么不对，医生会保留患者的病历，但只是关于人们的健康，而不是他们是不是登山爱好者，或者他们喜不喜欢玩宾果游戏，更不关心他们的昵称是什么。餐馆什么也不保留，酒店、杂货店也是如此。各行各业都是这样。

难道我经常光顾的那些餐厅不应该记住我的偏好吗？我喜欢红酒，经常点各种鸡肉，搭配蔬菜和简单的沙拉，我还对洋葱圈特别着迷，但我不吃鱼！我希望在我进行预订的时候，服务器会主动调取我的数据，并且知道我的名字叫杰克，我也喜欢被人这样称呼等。

我敢打赌，大多数航空公司只会收集关于常客出行目的地的数据。显然，他们并不清楚我更喜欢别人叫我杰克，也不清楚我喜欢挨着过道的座位。其实这些基本信息很容易收集。

南美最大的航空公司，智利航空公司的一位高管人员坦率地告诉我，虽然航空公司也"希望"乘客旅途愉快，但他们觉得个性化的服务无法给航空公司带来任何经济优势。

他认为，所有的乘客都希望拿到更优惠的价格，都想要飞机上装着舒适的座椅。但从航空业的角度来看，除常客之外，普通乘客不存在任何客户忠诚度，这就是经济舱座位如此便宜的原因。但我完全不同意这个观点，这是个巨大的错误。通过查看销售过程的各个阶段，商家是可以从中找到营销机会的。

如果企业没有使用信息系统来记录客户的信息，那么大多数客户都会是首次到访的客户，怎么会成为常客？

有一次，一位 40 多岁的好友在和我聊天时感慨，在被常常到访的商店当作新客户时，他感到了沮丧。他在纽约居住了大约 40 年时光，一直是许多家品牌百货公司的忠实客户。虽然他不是什么狂热的常客，但每年也会去这些商店三四次，有的会去十几次。

不过，无论什么时候去，他都会被当成首次登门的客户，没人知道他的名字，这些店铺似乎从未费心收集过他的信息，即便收集过，也从来没用过。没人了解他的口味或尺码，没人知道他其实不喜欢吃发酵的椒盐酥圈、不喜欢斗牛犬，关于他的一切信息，这些店铺都不知道。

我告诉他，没错，这就是可悲的事实。许多销售员在整个乏善可陈的职业生涯中花了大部分时间为"新客户"服务，尽管在所谓的"新客户"中，有相当大比例的回头客，但他们并不知晓。可能有些客户到访的频率会高于平均水平，且经常光顾某一个店铺，因此会被少数销售员所熟悉，并发展出一种脆弱的、若即若离的关系，但这种情况十分罕见。

我的朋友花了 40 年的时间，也没在销售员面前混个脸熟，我猜测可能还有花了 60 年时间的悲剧人物存在。这种状况不仅会发生在百货商店中，航空公司、餐厅、宠物用品商店等，也都如此。

就像我的朋友一样，在某些商户的眼中，你可能也是那个连续上门了 40 年的"新客户"。因为大多数企业在面对回头客的时候，仍采用了对待新客户的方式，这让销售员和客户之间永远无法建立起一种"双赢"的亲密关系。

在与同事攀谈的时候，我有时会根据体型来指代客户。比如，我会说："那位在谷歌公司工作，穿43码的绅士昨天来过"或"你知道那位在房地产公司上班，穿4码的女士吗？"我习惯于用体型来保护客户的隐私。

多年以来，我总能在讲故事的时候发现惊讶的听众，他们震惊于我对客户身材尺寸的好记性。其实我闭上眼就能回忆起客户的身材尺寸，这些数据都在我的脑子里。他们能从我的双眼中看到信誉，看到我对他们说，我们店里没有连续上门40年的新客户。

尊重客户的边界

销售员与客户的最终关系，应该是亲密的朋友。我的哥哥比尔就是客户的亲密朋友，他愿意把自己的衬衫脱下来给顾客，他真的就是这样做的。我手下的销售员已经成功地和成千上万的客户形成了亲密朋友的关系，但这样的成果可不是一蹴而就的。

这需要花费漫长的时间。通常客户会邀请我们进入他们的私人领域，这时你要非常小心，不要越过他们画出的界限。**永远不要忘记，客户是买方，你是卖方，如果客户抵触，就不要将关系过度私人化。**

有些客户喜欢大量分享自己的信息，有的客户则惜字如金，甚至连喜欢喝咖啡还是喝茶这样的偏好都不愿透露，即便如此，你也必须予以尊重。每个人都是不同的，每个人的"边界线"也是不同的。

在尊重客户隐私成为业界规范之前，我们就在努力尊重顾客的隐私和界限。当客户不愿向我们提供个人信息时，我们会向客户解释询问个人信息的理由。如果客户想知道，为什么我们想搞清楚他们一生中最难忘的日子是哪一天，我们就会解释道，店铺可能会在那一天为客户寄东西，或者在周年纪念日为客户的配偶提供礼品。

我们还会向客户保证，永远不会泄露这些信息。我们从不干变卖客户信息这样的缺德事，我们收集的所有内容都将做到绝对保密。我们所有的行为都只有一个动机：造福客户。

自始至终我们都在向销售员强调，如果客户拒绝回答任何一个问题，就不要逼他们。或许这个问题只是对外面下雨天气的看法，但他们可能有自己的原因不愿意回答，也有时候，他们只是单纯地不想让外人知道。

不要让客户觉得自己"很次要"

生意好的时候，客户可能会多到让你目不暇接。在繁忙的假期和几乎每一个周末，我们店铺内都会出现这种情况。但不管是出于客户的主观需要还是客观要求，他们都应该得到销售员的全部关注。那么在你接待一位客户的时候，突然有新来的客户向你提问，你该怎么做？

要记住，先满足新来客户的要求。

根据前文所说的"2 分钟原则"，先询问新来客户是否有熟悉的导购人员，如果客户答道，"有的，通常是克里斯来接待我"，那你就可以去找克里斯。

如果没有，那就先向客户致歉，"对不起，我很快就回来"，然后找另一位销售员来接待新来的客户。如果其他人恰好也没空，就尝试着将客户引往他可能感兴趣的方向，然后再继续向先来的客户提供服务。

如果新来的客户是你的常客，你就可以对先来的客户说，"这位是我的好朋友艾米"，然后将两人互相介绍。你也可以对艾米说，"等我服务完乔之后，再回来为您服务"，或者你可以先暂时脱身一分钟，找另外的销售员或同事过来为艾米服务。

无论怎么做，我们的目标都是要让正在等待的客户和艾米两人都感到满意，然后再让其他同事为艾米服务。或者艾米可能会说，"好吧，弗兰克，我会等你的。我先去看看袜子。"如果先来的客户进入更衣室或者去了洗手间，你就可以利用这段时间询问艾米，以确保她得到了应有的关注。

如果某位提前做了预约的客户将在下午 3 点到访，而现在已经 2 点 30 分了，你就可以对正在接待的客户说，"我会继续服务好您，但我在 3 点钟有一位预约的客户来访。您可以选择让我来继续接待，或者我会请我的同事过来帮助您，您看您是否介意？"一般，客户都不会介意。

如果你在服务客户的过程中接到了另一位客户的来电，你可以先低头看看来电者的姓名，判断是否可以稍后回电，如果不行，建议你当时就接听。但要注意先征求正在服务的客户的意见："您介意我接个电话吗？只要一分钟，这是我的另一位客户。"要让对方知道自己接听的是客户电话，而不是私人电话，从而显示你对所有的客户都怀有同样的敬意，还展示了礼貌的态度。大多数客户都不会介意，如果对方明确表示介意，你就将来电转到语音邮箱，让来电者留言。

如果在客户审阅产品时，你收到了需要紧急阅读的短信或邮件，这时你可以向客户致歉，"万分抱歉，我手上有些紧急事务要处理，您介意我离开一分钟吗？"客户如果不是很着急，一般都会同意。

但永远不要向客户抱怨，不要说，"哦，我真的很忙，除了您我还得服务其他客户。"所有的顾客都是平等的，千万不要让客户认为别人比自己更重要。

弗兰克·加拉吉（Frank Gallagi）的一位客户曾想给弗兰克一台手机，只为了和弗兰克保持单线联系。我们常常拿此事开弗兰克的玩笑，但他表示说这台手机不是必需的，因为客户本来就能随时联系到自己。不要将客户划分出三六九等，我们喜欢所有的客户，并为能给所有客户提供服务而感到荣幸。

在你将客户交给某一位同事之前，需要了解清楚这位同事的销售风格。因为他处理客户需要的方式，将对你产生重要的影响。你可以当着客户的面向同事描述客户的信息，这不仅表示你对客户的情况了如指掌，也为客户提供了不必重复提供个人信息的便利。此外，你的同事还可以快速上手，并立即提出相关问题，得到你的及时解答。

还有一点，即便你不再服务这位客户，也要关注最终的交易情况。正像我之前提到过的，人和人之间难免会产生不良的化学反应。如果新接手的同事久攻不下，最好的方法就是帮客户寻找另一位销售顾问。这样的结果可能对大家都好。

我在高中橄榄球队打四分卫时，如果我有三次进攻机会都没法得分，我就会打一个"脱手球"将球传出去，这样才能盘活局面。有时，当我发现客户不满意当下的化学反应时，就会让销售员也来一记"脱手球"，把客户转让给其他同事，说不定还能绝处逢生。

在此过程中，"被转手"的销售员可能会感到失望，但出色的销售员会欣然接受建议，并与更适合自己的客户携手前进。毕竟，我们的目标是满足客户的需要。当你做到了充分倾听，确定了客户出现在店内的缘由，并且已经挑选出供客户购买的商品之后，"解码任务"阶段就可以告一段落了。

如果一位老顾客打电话预约到访，那么在他到店之前，销售员就应该整理好客户的个人资料并为销售打好腹稿。

我们的一些销售员会尝试着在人体模型上搭配服装来确定

效果。他们会检查数据库中客户的身材尺寸、购买过的物品，以及这些物品的供应商或设计师是哪位。他们会咨询各部门的专家，来征求各种建议，比如制鞋专家、珠宝专家或手提包专家等。

请注意，在这个阶段，客户可能早就选好了购买的目标，但是客户可能也在脑海中评估，权衡着要不要购买其他的商品。

如果客户准备离店，却没有挑选任何商品，你可以在这里终止整个销售过程，也可以不死心地问一句："您需要些什么？是我们店里没有吗？"总之，不要轻易放弃。

有一天，一位体型健硕的绅士进入我们的店铺。他身高2.01 米，体重大概 160 公斤，我只看了一眼就知道，他肯定是一名橄榄球运动员。于是我为他介绍了一位是体育迷的销售员。经过了解，这位先生曾为公羊队和巨人队效力过，不过目前他又回到了大学，攻读工商管理硕士（MBA），准备开启第二职业。

我对客户说，鉴于货架上所有衣服都不适合他的身材，我们准备给他量体定制。"太好了，"他说道，"我正准备换一个新裁缝。"我对他说："您下次来的时候带一件正装外套，我们会再次为您量体。"

然后我就去接待其他顾客了。

过了一会，这个橄榄球运动员从我身边走过，我向他道了再见，冲他微微一笑。我又转了几圈后，回到了原地，问接待橄榄球运动员的销售员，这位客户准备什么时候回来。销售员答道："他说会打电话给我。"

"他说他打给你？"我心里一沉。

"是的，他说准备好了就打给我。"销售员说。

我想忍但是没忍住。"我能提个建议吗？你把主动权交给了他。现在下一步由他说了算。你搞清楚他的姓名、地址和能随时联系到他的电话号码了吗？"

他低下头说："没有。"

我说："下一次一定要搞清楚。"

我在销售的第一个阶段就已经表明，在这里我再次重申一下：**伟大的销售员总能掌握主动权。他们会主动打电话联系客户，确定预约时间。这是一种积极、主动的作为，如果不这样做，永远等着客户来联系你，就只能陷入被动。**当你放弃了控制权之后，客户大概率会从指缝间溜走。

不过，如果客户已经到店，或他已经在你的办公室里，甚至愿意和你共进午餐，那么即便他们还没能进入"购买情绪"，也肯定已经有所动摇了。现在，你可以做好准备进入"拥抱顾客"的第三阶段了。我将继续进行演示，看看如何来进一步炒热气氛。

拥抱指南

◎ 不要以貌取人。不能基于外观对顾客做出评价，穿着过
  时衣服的人，也可能是潜在的大客户。

◎ 查明客户的"任务"。客户到店就是来找东西的。

◎ 做客户的"镜像"，与客户保持同步。

◎ 少说多听。"说"和"听"的比例要把握在四六开，三七
  开更好。

◎ 提出正确的问题。学会观察探究，而不是直接询问打探
  客户的需要，他们会自己交代的。

◎ 记录下你掌握的信息。先写下来，再用技术搭建的信息
  系统记录下来，以备将来的持续使用。另外注意，别出
  现"连续上门 40 年的新客户"！

◎ 不要越界。尊重客户的隐私界限，你不可能了解客户的
  方方面面。

◎ 增强执行力。基于对客户"任务"的了解，满足客户的
  需要。

第 **5** 章

阶段 3：展示和分享

艾奥瓦州的一位男子发明了世界上第一台面包切片机，并于1928 年在密苏里州的一家烘焙公司投入使用后，这一消息成了当地报纸的头版头条，自那以后，每种新产品的问世，都打着"自面包切片机问世以来最好产品"的旗号。

每当我听销售员向我介绍某一种产品的销售动向时，我的脑子里就自动响起警报："又来了，这里又有一个自面包切片机问世以来最好的产品。"我对面包切片机没什么异议，却觉得打着它旗号的大多数产品都不能使人满意。为什么要这么说呢？因为所有的客户都不是智力障碍者。

通常我会将销售的前两个阶段视作销售过程的准备阶段。在这两个阶段内，我们观察、收集有用的信息。这两个阶段完成以后，接下来的两个阶段就是销售动作发生和实际购买发生的时候了，这也是整个销售过程中最具创造力的部分。真正的销售技巧贯穿于此。

在第三阶段，我们不仅要继续坚持聆听和学习，还要描述产品的功能和优势。你需要展示，虽然这涉及销售的知识和技术层面，但想要获得更好的成效，我们就必须发挥想象的力量，让自己的个性焕发光芒。

请记住，大多数客户都是出于消费欲望才购买的，而消费欲望在本质上要比事实更感性。大多数人都是先在情感上产生购买需求，再通过逻辑将购买行为合理化，由此我们的展示要以产品优点为导向，而不是以功能为导向，因为优点是感性的，功能是逻辑的。

最重要的是，别提面包切片机的事了，做一个现实的展示，而不是虚构的演讲，创造力并不等同于欺骗性。

有人会将第三阶段称作"展示和讲述"。但我觉得，"讲述"这个词远远不如"分享"。分享比讲述更好，它是一个更温暖、更亲切、更温柔的词语，它代表着友谊，而不是独裁。

通常，你会发现自己在销售过程中自然而然地进行了多次展示。"展示"其实是一种试错，在不断展示和分享的过程中，销售也在稳步推进。

如果第一个展示失败了，你要从中学习新的信息并进行评估，再将得到的经验用在下一次展示中。要始终牢记你的目标，销售的一个关键问题就是你要将客户引导至何处。

如果方案 A 失败，就转向方案 B，必要的话再转到方案 C。不过，我希望你不用走到字母表的结尾。

不要强行推销，要与客户合作并建立联系

"什么叫'我不知道该不该买？'这车多棒啊！没错，它已经开了 25 万公里，那又怎么了？我跟你说，明天再来就没有了。"

"走出门的那一瞬间，您可能就会心脏病发作。前一段时间，保加利亚那种致命的病毒您听说了吗？听着，我的朋友，明天再买人寿保险就晚了！现在就买，想想你的孩子！"

"你看，后面排着队的客户都知道自己想买什么。你是要买西装吗？抓紧时间，我可没一整天的时间陪着你。"

有时候，这种具有操纵性、穷兵黩武型的销售策略确实有效，但在每个客户身上只能用一次。你能通过这种策略赢得一笔交易，但你会永远失去这位客户。

我听说，有的销售员压根不管产品适不适合客户，"我只是把东西卖给他们，赚到奖金！"哎哟！

还有人会说出那句一听就假的老话："如果您今天不买，明天价格就上去了。"

销售是买卖双方共同努力的结果，而不是你一厢情愿的行为。在"展示和分享"的阶段，永远不要强买强卖。这是许多没有经验或训练不足的销售员会犯的错。客户最讨厌的就是强行推销，他们想要的是一种联系，是买卖双方公平的对话。

我的一位朋友对我说，"我曾听一位汽车销售员说，'买家都是骗子。'"没错，客户确实不愿向你透露所有的真相。为什么呢？

因为他们不信任你，所以他们觉得一旦自己袒露心扉，就会"被营销"。客户不希望傲慢的销售员来压迫自己。正如我们最杰出的服装销售员约翰·希基说的那样："我会引导他们，但我不会控制他们。"

知名高管教练茉蒂丝·格拉泽写过一本引人入胜的书《智能会话》，她用神经科学研究结果着重阐述了一个观点：对话具有改变大脑思维的能力，不同情况下需要使用不同类型的对话。在谈到销售问题时，她展示了销售代表如何让买卖双方关系对立，从而导致客户拂袖而去的反面例子。

她还表示，要将销售理念从"强行推销"转化为"与客户合作并建立关系"。这一点我非常同意，通过对话建立联系，然后发展成可信任的关系，最后形成一种文化，这始终都是我的信念。

销售员的目标应该是以休闲、冷静、友好的方式与客户交谈，客户想遇见一个有爱心的销售员，并从他那里买到值得信任的好商品。我回想起了戴尔·卡耐基开玩笑般的一个建议：他建议人们在书桌上放一些旧袜子，来提醒自己保持柔软、放松的心态，而不是整天激动又暴躁。

在展示商品的时候，要结合你在评估阶段了解到的信息，并和解码所得的内容紧密联系在一起。比如："这套衣服会让你在纽约的周末特别活动中大放光彩"或"我已经能想象到周末你穿着条纹运动衫和黑色纯棉针织衫，搭配这条卡其色裤子打高尔夫球的场景了"。

现在要继续上一个阶段的工作了，也就是聆听客户都说了什么。在大多数情况下，你仍然要将谈话和聆听的比率控制在三七开。对大部分客户来说，有些人会直接表达自己的喜好，但也有人不喜欢说出自己的想法，他们觉得如果透露太多，就等于是对销售员的"放权"，从而把自己放置在一个更为弱势的位置上。而你需要做的就是消除客户的这种感觉。你需要让客户觉得一切尽在他们的掌握之中。

随着我在销售现场花费的时间越来越多，我最喜欢的销售技巧变成了掌控节奏的变化。

从小我就喜欢和父亲一起打乒乓球，在这个过程中我总结了一套进攻的技巧：先放缓，再加速，然后再放缓。不光在销售中需要掌控节奏的变化，生活中的诸多方面也是如此。

失败的销售员总是讲话很快，这为客户施加了无形的压力，是销售中的一种禁忌，是"拥抱"的反面。有时候你需要放慢节奏，尤其是当你试探客户想要购买的商品时，层层递进的蓄势反而会产生更好的效果。

不要成为喷射语言的机枪，你要时不时地稍作停顿，确保客户能理解你所说的话。要有张有弛，张弛有度。

要比客户和互联网更了解你的产品

"展示"的第一步，是要对销售的产品有所了解。试问如果连产品都不熟悉，又该如何有效地进行销售呢？但是很多销售员都会犯这个低级错误。当客户提出一些疑问，比如这种电池能在电话上使用多久，或这件衣服用的是哪种羊毛时，有些销售员要么虚张声势，要么会报以困惑的目光。

对产品的深入了解是"展示"中最重要的一环。在进行讲解的时候，要使用浅显、清晰、简洁的语言。在销售中不要让客户变得更加困惑，这会拉低客户的体验感，你的工作是"阐明"，而不是增加"混乱"。

当涉及产品知识时，店铺的采购团队又起到了至关重要的作用。我们的采购团队通常会与供应商、制造商，以及设计师联合召开与产品知识相关的会议。

和其他商铺相同，我们在销售员培训方面有一套行之有效的方法。我们每一位销售员都有自己喜欢的特定供应商，而每位供应商都可以和一位销售员"结对"开展培训。某位销售员如果成功地向其他销售员兜售掉了自己喜欢的供应商的商品，就能成为"冠军"。

那销售员需要了解多少产品知识呢？很多，比以往的任何时候都要多。因为你必须比客户更了解产品，如今，人们在互联网上随便一查就能找到很多信息，其中一些是准确的，一些不是，你需要告诉客户更多的正确信息。

在服装行业中，客户最关注的有两件事：一是服装是什么材质的，二是它是在哪里制成的。

政府在这方面给我们帮了大忙，根据法律规定，公司在服装上必须有一个表明出产国的标签、一个标有棉花或羊绒含量的标签，以及一个关于如何保养服装的标签，当然，还有一个用来识别品牌的标签。像我们出产的衣服上一定能找到标有米切尔或理查兹、威尔克斯、马里奥斯的标签，用来反映我们的家族价值观。

通过这几个标签，你就能成为专家。当然，还有其他值得关注的细节。假设你要向客户展示羊绒毛衣，那么你应该谈论羊绒的价值，它们大多是来自蒙古和中国的山羊底毛。山羊的底毛数量有限，它们的直径小于 19 微米（1 厘米等于 1 万微米）。牧人们收集柔软的底毛，再按照等级和颜色分类，品牌厂家再通过一系列的流程将底毛制作成防水羊绒。

在介绍棉花和丝绸制品时也要给出类似的专业知识，去讨论每一种面料的优点。比如，能够跟合成纤维结合使用的天然纤维只有 10 到 12 种。通常，客户并不清楚在天然纤维中添加多少聚酯才能增强服装的耐用性，赋予服装更长的寿命，但你得知道。

在介绍各种材料时，要注视着客户，观察他们的非语言反应，来获得他们对于展示的看法。如果他们说，"我不喜欢亚麻，容易起皱。"那就转而讨论其他的材料，或者，如果当时的天气，正是穿蓝色亚麻夹克的好时候，你就可以说："虽然容易起皱，但舒服好看。"

产品知识能表明销售员对相关事实是否有着充分的了解。有一次，我和几位朋友一起去了瑞士。在那期间，我和一位来自加拿大的好友共同参观了当地一家举世闻名的手表店,他对几款豪华手表很感兴趣。

销售员拿来了他感兴趣的五只手表,其中有一只我也想买。在开始前,我的朋友问了一个简单的问题:"在进入加拿大国境的时候,我需要报多少关税?"销售员表示不清楚,她说:"大部分客户都没有在海关申报过,他们都是随身带进去的。"

我的朋友反驳说,"好吧,但我是一个诚实的加拿大人,我会在海关申报。"销售员打了个电话。但直到最后,销售员也没有搞清楚问题的答案。到了该走的时候,我们谁都没有了买东西的心情。但我的好友回到加拿大后,在当地一家手表店买到了一只同样的手表。

产品知识意味着,如果你是水龙头销售商,你就应该告诉客户漏水的水龙头会产生多少额外的水费,通过充足的信息引导顾客采买质量更好的水龙头。

它还意味着要了解产品和各行各业顾客的匹配程度。如果客户会定期看歌剧,你就应该为客户找到适合去看歌剧的正确着装,这一点我们可以通过网络搜索,或询问同样热爱歌剧的同事来实现。

如果客户打算去参加赛马比赛,那么我们能在网上搜索到无数关于参赛人员如何装扮的建议;如果客户想去泽西海岸,那么我们也能建议客户如何在艺术展览和筹集捐款活动中打扮得更为得体;如果你销售汽车,就要为客户提供千人千面的服务:房地产商倾向于通过座驾彰显地位，制造商更喜欢耐用可靠的车型，大学生则是想让自己在校园中与众不同，看起来更酷。

在服装行业中，销售员应该通过观察就能确定客户的着装尺寸。我在培训新员工的时候，会建议他们以身边熟识的人为例，把标准尺寸记下来，比如我的儿子鲍勃，他穿 XL 也就是 43 码，还有我的儿子安德鲁，穿 S 也就是 36 码；还有琳达，她穿女装 6 码，这会为你判断客户的尺码提供便利。

永远不要询问客户他的尺码，这会让对方感觉你没有经验。观察尺码是一种销售技巧，这表示着你深谙此道。这会让顾客非常放心，认为你是专业的销售员。

其实如果你在 10 次中能猜对 9 次，你就很不错了。如果你看不准客户的尺码，你就要往小了猜，以免冒犯客户。如果我不确定对面的女士穿 10 码还是 8 码，我总是会说成 6 码，客户每次都心满意足。

如果你不知道某些问题的答案，千万别瞎编。比如你可以坦言："我不知道从意大利进货需要多久。"但一定要尽快跟上一句，"但我会尽快查出来的。"还有一种更好的答案是，"我现在就去查。"加倍努力是建立信誉的好办法。

如果出于各种原因，客户不知道某些专业问题的答案，销售员就应该通过电话或电子邮件与客户联系，提供答案。有时买卖双方间的问答交流就像是律师考试的面试一样，销售员应该了解足够多的专业知识，并以此来明智地解决客户提出的所有问题。

格里·菲德里奇（Gerry Federici）是我们米切尔店铺的销售员。几年前，一个衣着干净利落的年轻人走进了商铺，他称自己为"将军"。他觉得自己的着装过时了，急需更换。在为将军送上咖啡后，格里帮他挑选了五套西装。将军对西装表现出了浓厚的兴趣，在接下来的三个小时里，格里几乎回答了人类已知的和衣服相关的所有问题，未知的问题也回答了一堆，格里发现自己都出汗了，但他还是对答如流。在问答结束后，将军买走了一套衣服。

第二周将军又来到了门店，他还是接连发出了一串问题，格里喘着粗气，想方设法给出答案。他尽了自己最大的努力，结果也还不错，将军买走了其他四套西装，还选购了一些配饰。

交易达成后，在格里为将军拉开车门的时候，将军转过身说："我会记住这一次购物的经历。你不仅了解自己的产品，而且也知道自己在做什么。"

注意同类热销品特征，洞察特定客户的偏好

在收集产品信息时，要注意了解热销产品都有哪些特征。无论产品是什么风格，或什么颜色，如果没有人购买这些产品，谁还会在乎你对某种特定真空吸尘器或衬衫品牌有多了解。

我将之称为"蓝色好卖"现象。我父亲总是告诉手下的销售员"蓝色好卖"，因为蓝色是大多数顾客都喜欢并想要购买的颜色，父亲总是说："蓝色最好卖。"

因此，长期以来，我一直把"蓝色好卖"作为销售的秘诀之一。我的儿子鲍勃·米切尔在我父亲的葬礼上说，爷爷唯一给过他的销售建议就是"蓝色好卖"。

我告诉店铺里的销售员，当他们站在客户的角度挑选商品时，从蓝色开始是一个不错的选择，除非你知道客户喜欢橙色和绿色，这种情况除外。或者，如果你已经成功售出了黄色和紫色的衣服，你就可以继续建议："你也可以试试蓝色。"

在蓝色上取得成功之后，你可以帮助客户尝试其他的可能性，比如我在第一次销售中卖出的那套橄榄绿色西装。

"蓝色好卖"原则也适用于其他行业。在最近的一次调查中，白色已经超越银色，成为最受欢迎的汽车配色，银色和黑色并列第二，因此，优秀的汽车销售员就应该知道，"白色好卖"。

我想说的重点是，销售员不仅要积累产品知识，还必须了解特定的客户对于颜色、样式和功能的偏好，这些信息会在展示过程中发挥重要作用。

很多年轻的销售员只喜欢推销新潮的产品，却忽略了必需品，即便知道所有人的衣柜中都需要一套蓝色或灰色的西装，他们却仍旧不会介绍这些颜色。我们称之为"巧克力和香草现象"。蜜桃味的香氛虽好，但也不是唯一的选择。

销售员需要遵循的另一条规则，是向客户展示多种可能性。如果客户想要一件外套，就给他们展示三到四件；如果销售地毯，就向客户展示四五块地毯；微波炉也是，要给顾客充分的选择。

毕竟，客户只是知道自己需要一些东西，但不知道自己需要的究竟是哪一款，也不知道自己"真正"想要什么。

不过这里的基本原则，要基于你在"解码任务"阶段收集到的内容。首先向客户展示最适合他们的产品，在经过重重展示之后，客户最先接触的产品，通常也是他们最终选择购买的产品。

我不知道具体的原因，可能是第一印象比较深刻，但这确实是一个众所周知的现象，至少有50%的交易是这样达成的。比方说我在上一次买车时，就选了第一眼看到的那款车；买房子的时候，我连续看了三套，最后还是买了最先看的那一套。

因此，销售员要谨慎选择好最先展示给客户的产品。以西装来说，首选应该是蓝色，而不是浅黄色。

但这并不是什么铁律，有时候你也需要即兴做些变化。曾经我们的一位老客户进店后说："我想买你们这里最丑的领带，当作恶作剧礼物送人。"这是一个非常棘手的要求，如果我们随便应允，就意味着店里确实有难看的领带。但我们还是回答说"好的"，最后，我们找到了一款至少不符合这位客户口味的产品，客户满意而去。

不仅要展示产品，还要展示附加服务

在"展示和分享"的环节中，你也应该展示所能提供的服务。换个方式说，你可以通过下列方式来拥抱客户："莎莉，你知道吗，我们还提供免费改衣服的服务。在这个时代，男性和女性都享有随心改衣服的自由。我们有 16 位裁缝随时待命，如果你在明天，或者今天就需要，我们还能送货上门，也可以送到你的办公室。"

再比如，我的健身教练不但能在健身房给我指导，还能在我家中为我提供私人服务；如果我在举办重要聚会时有所遗漏、准备不周，当地的食品店还能为我提供应急服务。

你要不遗余力地宣传主要业务附带的其他服务。比如说，我们店铺提供免费停车、免费礼品包装，如果客户愿意留下名片，我们会将商品在一周之内免费打包寄出等。

"免费"，是一个神奇的词语。客户甚至没有听说过，作为一家服装店，还能免费提供壁橱清洁和咨询服务。我们会到客户家对衣橱状况进行评估，对现存衣物和服饰更新给出具体建议。如果你与客户建立了融洽的关系，你就可以对客户说："艾米，我觉得你应该把这件衣服扔掉，或捐给慈善机构。"

在店铺中，要记得给客户准备一杯卡布奇诺、清咖啡、水或热巧克力。如果客户带着孩子，就将他们引导到游戏区或电视机前。在汽车销售中，你可以为客户提供免息贷款；在手机行业，你可以提供免费保险。

你所做的一切都能消除销售环节中的障碍。女性顾客可能想买那条珊瑚色连衣裙，但需要在明天之前把裙摆缩短；男性顾客可能看中了一套西装，但你需要把它寄到长岛。

在摆脱这些障碍之后，就没有什么能阻碍你了。

好的展示不仅能满足客户需求，还能预判客户回应

我想讲一个亲身经历的故事。那是忙碌的一天，我在米切尔服装连锁店的销售区遇到了杰弗里·霍斯（Jeffery Hoos）博士。他是我的老朋友，也是一位杰出的牙医，那天他正和妻子贝蒂一起购物。自从我转到理查兹店以后，我们已经好几年没见了。我还送给他一本《拥抱你的客户》，他跟我击了个掌，贝蒂给了我一个拥抱。

几天后，我收到了一个包装精美的盒子，里面有一封长长的手写信。这封信没有丝毫的拐弯抹角："杰克，我会给你一个微笑，来配合你对拥抱的热情。我推销的第一步是免费咨询，我将借此来确定如何专业而美观地加固你的牙齿，让你拥有明亮清新的微笑。顺便说一句，这是为你准备的一些小礼物。"其中包括电动牙刷、牙膏和有关牙齿美容的小册子。

"哇哦。"我暗自感叹着，对着镜子，开始微笑。即便每天都认真刷牙，可我还是发现牙齿变黄了。

后来，我给他打电话的时候，他告诉我自己正准备带着医疗包去我的店铺。我又怎么能拒绝老友的好意呢？他让我张开嘴巴，看着我的牙齿说，保证会把它们伺候得妥妥帖帖，还说治疗后我会笑得更灿烂，这将大幅改善我的外表，就像我给他提供的衣服一样发挥重要作用。

我还去了他的牙医办公室，在那里做了 X 光检查。他告诉了

我整个过程所需的时间和费用，听到价格后，我差点从椅子上栽下来，这差不多和我第一栋房子一样贵。因此，我说再考虑考虑。

碰巧，不久后我来到理查兹店铺，遇到了另一位老客户，也是一位著名的牙医。我向他提到我想要一个崭新的微笑。几天后，我来到他的办公室，那里就像酒店套房一样漂亮，墙上还挂着一幅露着完美牙齿的名人像。他帮我做了全部的检查，然后按了一个按钮，计算机缓缓输出检查结果，上面写的检查结果和之前那份并无二致，价格也差不多。

在搭火车回家的路上，我还是决定整治一下自己的牙齿，但应该选谁呢？

杰弗里曾对我说过，如果我在工作日或节假日做好修牙的准备，那不分昼夜，他都会帮我处理，就像对待所有客户一样。关于治疗的效果，他给了我一个参考，是一名我认识的律师，他每天都穿戴得一丝不苟出现在法庭上，展露着无懈可击的微笑。我觉得，他能信任杰弗里，那我应该也能。

我还提醒自己，我们整个业务的核心就是"关心客户"，这正是杰弗里对我所做的一切，他向我展示了自己对客户的关心。他很主动，不仅送了我一盒子礼物，还带着医用仪器到办公室帮我检查，这是展示环节中最重要的卖点，他知道我会做出怎样的回应。我选择了杰弗里，这次我没有回头。

现在，我拥有了更加明亮的微笑。我感到无拘无束，面对家人、朋友和客户时，我更加轻松了。我喜欢这种双赢的感觉。如今，我在工作中，尤其是在做励志演讲时，需要经常保持微笑，这成了我每一季度都要面临的紧急情况。不过杰夫就像他承诺的那样，一直在身边陪伴着我，不分昼夜。

找到决策背后的"影响者"

"展示和分享"环节中另一个关键点，是要识别出交易的"影响者"。 很多情况下，真正要购买商品的并不是站在眼前的客户，而是他的爱人、孩子、长辈或搭档，背后的那个人可能才是客户掏钱之前要咨询的人。

你需要了解这些背后之人的影响力，了解他们是不是真正的决策者。比如，如果你想卖东西给我，还要问问我的妻子，毕竟这事儿并不是我能说了算的。

最常见的影响者就是配偶,而且通常是妻子,这一点不足为奇。根据我的经验，在购买衬衫和连衣裙之前，女性通常不会过于依赖丈夫的意见，虽然她可能会问，但只是走个形式罢了。一位朋友告诉我，每次妻子要求他在两件衣服之间做出选择时，他总能选到妻子不喜欢的那一件。因此，他只能违背良心做出相反的选择，才能给出"正确"的答案。

但是，男人如果在未征询妻子的情况下就去买衣服，这是很不礼貌的。而且他们也会不可避免地遭遇诘问："这件毛衣从哪儿买的? 这条裤子呢? 谁给你买的?"

乔·考克斯是我们理查兹店铺一位杰出的领导者，也是销售员之一。他与我分享了多年以来的经验："如果我发现客户既不看镜子，也不问我，而只询问妻子，那他就是那种'以妻子为中心'的顾客。"

每位销售员都有很多类似的故事。他们可能花了很长的时间，向男人展示了十多件不同的西装，男人最终也找到了一个合适的解决方案，他说，"这位是我妻子。"妻子瞟了一眼，说："什么，你在跟我开玩笑吗？你准备买这玩意儿？这辈子都别想！"

销售员称这些男士为"妻管严"。每次有"妻管严"的客户出现，你就要知道虽然这衣服穿在男士身上，但主要还是要对女士进行展示，因为她们说了才算。

除人为因素以外，还有其他一些方面会对客户产生巨大影响，比如时下的潮流、以往的经典，乃至人们工作的地点、旅行的去向等。

我们在帕洛阿尔托的客户常常说，之所以他们不买西装，是因为西装并不适合他们那里休闲的工作环境，有人如果看到他们穿了西装，就会觉得他们公司快要倒闭了。

正在购物的其他顾客也能成为影响者。比方说，一位客户正在镜子前试衣服，另一位顾客说，"你穿这个真好看"或"你不适合这个颜色"，对于那些对外部意见高度敏感的客户来说，这些评论就会影响购物的欲望。邮递员只是对着客户穿的裙子皱了一下眉，可能当天裙子就会被退回到货架上。

你要意识到不请自来的吃瓜群众随意发表的评价究竟有多重要，然后才能妥善处理。

我知道一个臭名昭著的客户，每次销售的时候他都要过来插一脚，提供各种阴阳怪气的意见。我们的销售员每次都要等他走后，再将顾客带入更衣室。

如果顾客对销售员感到满意，通常就会放弃自己的影响力。妻子不再陪丈夫去商店，她已经把为丈夫挑选衣装的重任托付给你了。就像父母带着孩子到理发店，向理发师清楚地阐明了期望的发型之后，就把孩子扔下自己去隔壁买菜一样。

虽然影响者都很关键，但是优秀的销售员不应该轻易地向影响者屈服，而是成为所谓的"挑战者"，持续向客户和影响者发起挑战，确保客户做出正确选择。

有一次，我在店内和一对顾客夫妇打招呼后，聊了将近一分钟。弗兰克正在为他们服务，他挑选了一套合适的冬装。妻子也为丈夫挑了一件，但我和弗兰克都认为这件衣服对她丈夫来说，大了许多。

我在旁边听了一会，说道，"您介意再试一下弗兰克推荐的那件吗？"显然，弗兰克推荐的要比妻子看上的超大号好一千倍。丈夫同意了。我又问，"穿上感觉怎么样？很舒服吧。"他表示同意。妻子也没有任何反对意见，她说："你要是觉得舒服，我们就听专业人士的吧。"因此，我和弗兰克都用专业精神"挑战"了妻子，且取得了成功。

如何赢得客户的信任

客户为什么选择听销售员的话？只有一个原因：信任。

在整个销售过程中，客户的信任是至关重要的。信任是销售员需要达成的最终目标。它不会凭空产生，这需要你从销售的第一阶段开始，按部就班地努力获取。

就我个人而言，我会无条件地信任我遇到的人，除非他们用某种行为破坏了这种信任。但并非所有人都是这样。正如我之前所说，由于"以销售为中心"的理念大行其道，大多数客户在面对销售员时会本能地采取防御措施。

那么客户凭什么相信销售员，尤其是在初次见到销售员呢？问题的答案在于两个字：道德。我坚信销售应该遵循道德。实际上，这也是我们唯一认可的销售方式。

但是，怎样成为道德高尚的销售员呢？简而言之，就是说实话，任何时候都要说实话，这是重点！！！

销售员获得信任的唯一方法，就是利用你对客户的了解，探索更多关于客户的信息，然后证明你确实真正了解了客户的需求。这是成功销售的基础，你从事的业务，所在的行业都无关紧要。

当顾客问道，"你觉得这件斗篷怎么样？"你应该立刻诚实作答，"我觉得这件斗篷不适合你。"在"展示和分享"的阶段，客户渴望销售员的诚实。

这种劝阻客户消费的行为会大大提升客户对你的信任度。虽然当前他们没有消费，但未来他们肯定会消费更多。

这让我想起自己在"乡村市场"购物时的一些经历。"乡村市场"是威尔顿当地一家杂货店，50 年前，我的岳父作为 4 名创始人之一向皮尔索尔（Pearsall）家族借款 500 美元，创建了这家杂货店。40 年以来我和琳达一直都在这里购物。前不久的一个早晨，我路过这里，给我的行政助理艾米买了一份汤、三根香蕉和一个葡萄柚。

商店的经理也在场。她拿起我选的葡萄柚对收银员说，"你看，这个柚子有点问题。"我仔细看了看，确定葡萄柚呈现出了发烂的征兆。她接着说："给这位先生免费换一个新鲜的。"其实她本不必这样做，但这个做法赢得了我的信任。这是一个恰如其分的拥抱。

在我看来，过去 10 年内我们的珠宝业务取得显著增长，如今更是成为康涅狄格州最大珠宝业务商的主要原因，就是基于客户对我们的信任。他们相信我们的珠宝价格是同类产品中最低的，而且他们喜欢自己的家庭和我们的销售员所建立的亲密关系。

当然，并不是所有的销售员都会说真话。他们告诉你，这是最适合你们家使用的炉灶，因为这是能获得最高佣金的品牌；告诉你要购买这个品牌的电视机，但其实这是商店所有品牌中故障记录最多的，后院里正堆着 250 台这个品牌需要返修的电视机。

几年前，因交通拥堵，我不得不飞奔着赶去飞往纽约的飞机。我火急火燎地来到登机口，服务人员说："您可以缓一缓了。"我松了一口气，问道："我还有时间去下洗手间吗？"

"当然。"他回答。

我用了不到 5 分钟就回来了，但登机口已经关了，工作人员明确表示，我没办法通过。我就这样错过了航班。而下一趟能起飞的航班此时正在费城，这意味着我很晚才能到家。直到几年后，我才愿意再次乘坐这家航空公司的飞机。

不久前，艾米注意到车的右后轮没气了。她往瘪胎里打了些气，开到了轮胎经销商的店里。店里的销售员试图说服她更换 4 个新轮胎，她没同意，转身离开了。第二天一早，她去了另一家店。维修人员说没什么大碍，就是扎了根钉子而已，他收了 14 美元，帮着把钉子拔了出来。第一家店铺永远失去了艾米这个客户，而第二家店却赢得了她。

我再讲一个我自己的汽车故事。几年前，我有一辆行驶了 25 万公里的汽车，已经重度磨损了。经销商从没给我打过任何电话，我把车送修的时候，对方也是兴致索然。我知道我需要一辆新车，但我不想再从这家店买了。

后来，我和儿子鲍勃、儿媳卡伦去观看我孙子莱尔的初中篮球比赛时，鲍勃的一位朋友马克也在。鲍勃说，他刚刚从马克那里买了一辆新款的讴歌（Acura）。正好我也需要，于是我说道："马克，我需要一辆新车，但我对汽车一窍不通。"

他问了我几个问题，然后把自己的车钥匙递给我说："开我的车回家，我坐我爱人罗琳的车就行。我想向你推荐的车就是这一款，就像您的公司一样，我会亲自为您服务。就算我自己分不开身，我也会找最棒的助手来帮助您。"

在开了一天之后，我爱上了这款车。我非常感谢马克给予我的关注，他还再次向我强调了一些问题，以确保我能接受到完美的服务。最后我买了车，成了讴歌的铁粉。马克为我补胎、帮我维修，还做了很多额外的护理业务，却只坚持收取与维护相关的低廉费用。

三四年后，我在一场比赛中遇到了马克，问他我是否需要买一辆新车。他回答说："当然可以……不过，是原来的车不好吗？"我说不是，他又说，那辆车至少还能再开 16 万公里。我再次深刻认识到，马克才是那种了解"双赢"概念的销售员。

这些年来，我可能已经向马克推荐了十几位客户了，鲍勃也是。后来我又在他那里买了一辆新车。我再也没有从别处买过车。这是一种能维持一生的亲密关系，也是一个绝妙的例子。

信息充裕的时代是一把双刃剑，虽然企业收获颇丰，但客户也不会像以前那样忠于某个品牌，因为现在他们有能力自己搞清楚产品或服务的真正价值。然而我相信，只要能对正确的销售理念加以实践，销售员就能凭借自身的能力创立一个品牌。

在我们的店铺中，像娜丁、丽塔和金杰这样的员工就已经被客户视作一种品牌了。他们能为客户提供量身定做般的服务和产品，客户从娜丁这里购买的次数，甚至要比购买某个特定品牌的西装和礼服的次数还多。

因此，有优秀销售员加盟的店铺也会成为一个成功的品牌。

即时信任的构建者和破坏者

虽然真正的信任是随着时间而慢慢建立的，但销售员的一些语言和行为，能构建出一种即时的信任，反之，也能将即时的信任一举摧毁。

我相信这样的例子经常发生，有天我去了一家从没去过的餐厅，坐下后点了基辅鸡。

我身边的服务员却说："我不建议您今天点这道菜，顾客都反映做得不好。我建议您点牛排或扁意面。"

我的反应就是，我虽然对这名服务员和这家店一无所知，却立刻对他们萌生了信任。当然也有愤世嫉俗的人会阴暗地揣测，是不是店里的牛排和扁意面准备得太多了，服务员怕卖不出去，还是推销这些能拿到更多的小费？但我的第一反应，就是这种行为让我产生了直接的信任。

而相反的例子就是，当你问道"你们这里什么最好吃"的时候，服务员想都不想就回答说"都挺好"，在我看来，这种回答既没有提供任何信息，也没有包含任何服务意识，相当于我正在寻求帮助，却被拒绝了。

最好的情况是，当你询问服务员什么菜好吃的时候，对方会先询问你最喜欢什么，然后再提出建议。比如，我不吃海鲜，在我问什么菜好吃时，服务员兴高采烈地向我介绍了蛤蜊、贻贝或其他海产。然而这个答案没有给我带来任何帮助，因为我不会点这些东西。

　　服务员的正确做法应该是，先询问我的口味喜好，并在得到答案后，给出一些专业的想法，然后热情洋溢地把我点的菜端上来。最后再根据我对菜品的满意程度发表相应的评价："我看您很喜欢今天的洋葱圈。"这和很多服务员们程式化般询问的"有什么问题吗"截然不同。

　　虽然航空公司有很多不足之处，但有时候搭乘航班确实是我们唯一的选择。最近我在乘飞机的时候经历了一件事。当时登机之后，我发现左右的乘客都太胖了，挤得我喘不上气。这时空姐走过来说，"今天飞机上的第 33 排是空的。如果您愿意，我可以帮您调换座位。"这次，空姐获得了我的即时信任。

　　而打消客户信任最快的方法，就是侮辱他们。虽然我们一再强调要对顾客诚实，但我们心里还要有一条界线，名为"粗鲁"。我们永远不希望自己对客户粗鲁，不讲礼貌。

　　你不可能告诉客户某件衣服让他们看上去很胖，或直接对客户说"我觉得你穿什么都不好看"。你需要在"诚实"和"粗鲁"之间找到第三条道路。

　　就像一个生得很胖的顾客在百货商店里选购廉价牛仔裤，却很难找到合适的尺码时，售货员打量着他的身材说，他应该回家，当晚做 150 次仰卧起坐，第二天早晨再做 150 次，重复一个月后再来，才能找到合适的牛仔裤。

　　可能她觉得自己很幽默，但这并不是接待客户的方式。当然，顾客很生气，并且再也没有来过。

如何巧用"感觉营销"

在服装方面，我们始终希望客户能上身试一下，这是销售的关键时刻。当顾客脱下自己的外套或毛衣，穿上新外套时，我总会对自己说："我已经成功了一半。"而且我发现一旦男性顾客愿意为新西服尝试新裤子，那么他们多半都会买下来。

在其他行业，还有很多体验产品的方式。比方说坐在沙发上、试驾汽车、收听立体声、用新高尔夫球杆打几个球等。一旦客户尝试了，就肯定会就自己的想法提供合理且真实的意见。

需要注意的一件事是，你可能会比客户更喜欢自己的产品，你必须意识到这一点。举个例子，对于年长的绅士来说，从百褶裤转向修身的直筒裤，可能是一个很大的变化。因此，你必须认可他们对百褶裤的偏好。

外观确实很重要，但同等重要的还有"感觉"。许多销售员只考虑外观，这是不对的。**无论销售哪种商品和服务，感觉都是销售的关键，感觉胜过一切。当你同时兼顾外观和感觉的时候，才算是完美的。**

因此，你需要问客户："感觉怎么样？"你能看到产品的外观，但你无法分辨它给客户带来的感觉。"我觉得它看起来很棒，你感觉如何呢？"这对客户来说，是一个很好的问题。如果他们此时是微笑着的，那说明客户感觉还不错。

我再说一遍，大多数人都是先在情感上产生购买需求，然后再通过逻辑将购买行为合理化。当客户考虑到自身感觉时，就已经难以摆脱了。另外，我总会听到销售员这样告诉客户，"我穿这个很好看，你穿应该也好看。"作为客户，我才不关心你穿着好不好看，我只想要对我来说看着好看、感觉又好的东西。

客户经常会从我们的销售员口中听到一些奇妙的评价，比如，"脱下来吧，这个不适合你。"不管是太大、太小、颜色不搭，还是长度不对，我们的销售员都会告知客户。客户经常对我说，他们喜欢销售员的有话直说。这些"直言不讳"会为你的销售团队树立起真实、诚实的口碑。

你和客户会产生不同的感受，有时候客户会觉得身上的衣服很合适，不需要再试别的了。我总是对销售员说，如果客户喜欢，但你不喜欢，那就试着找出客户喜欢的原因。在了解了客户的原因之后，你也可以发表不同的意见，但你最终还是会被客户说服的。

不过凡事也有例外。如果身为销售员的你确实觉得某条裙子很适合客户，且你已经"看穿"了客户的喜好，并确信她会购买这条裙子，你就要尽一切努力说服客户接受你的建议，做出购买的决定。如果这条裙子她的丈夫喜欢、聚会上的每个人也都喜欢，她也因此收到了很多赞美，客户就会非常开心。她可能还会打电话对你表达谢意，告诉你她有多爱这条裙子。想想这种成就感。

而当客户下一次有什么需要时，我敢保证她会直接来找你，因为现在她相信跟自己相比，你更了解她。

还有，在发表意见的时候，尽可能不要有任何夸大的成分，最好还能提供你个人的经验。比如你可以说："当我换掉百褶裤穿上直筒裤之后，整个人的外观和感觉都变了。我的丈夫和助手也对我的变化给出了积极的评价。因此我建议您也做一下尝试。"

触摸的力量

销售是一种触觉上的实践。这意味着，销售涉及触摸，通常它会以两种方式发生。

首先，客户应该能真切地用触摸去感觉商品，这是在线购物的缺点之一。

现在可能许多人并不了解我的意思。但是在 20 世纪 50 年代，大多数商店的衬衫、毛衣、领带等衣饰都是陈列在玻璃柜中的。在专卖店里，西装和夹克也会被妥善存放在大型的储藏柜里，这样一来，客户就不得不求助于销售员才能接触商品。无法触摸任何商品，这样的场景你能想象吗？

那时候，我的父亲利用在大学时上的工程学课程，设计了实验和流程图，证明了当销售员将产品从包装盒中取出以便客户触摸之后，销售能得到惊人的增长。

随着时间的流逝，将服装放在保护性包装中的做法逐渐淡出了历史舞台，这是商品交易的一场革命。

父亲对于人类在消费中建立的情感联系有一种可怕的直觉。他和母亲在 1958 年创立服装店的时候就贯彻了自己的直觉。他们将所有的服装陈列在外，供客户抚摸。更衣室内也有开放的区域，客户的妻子等亲密的人，也可以在试穿过程中观察并触摸衣服。触摸是我们一直遵循的原则，我相信这在其他行业中也非常重要。

为了更有效地销售服装，销售员需要和客户做好接触。当然，销售员也要尊重客户的隐私，不能采用任何冒犯性的方式。但大多数客户对于身体接触并不反感，相反，他们还挺喜欢。

接触可以通过多种形式发生。比方说，在帮客户穿上外套后拍打肩膀、翻袖口、捋平衣服上的褶皱，当然，还有握手或拥抱。这些都能加强人际关系，促成人与人之间情感的联系。

我们珠宝部门的专家之一米迦勒·罗曼诺（Michele Romano）曾对我说："我喜欢接触，喜欢与人打交道，当身体发生接触的时候，情感也联系到了一起，比方说帮客户戴上戒指、手镯等。"

我问有什么例子吗，她和我分享说："之前有一位顾客对要修理自己的珠宝感到非常不高兴，还坐在地板上哭了起来。我走过去握住她的手，问'您需要我怎么帮您？您告诉我，我一定照办。'她问道，'真的吗？'我说'是的。'然后她就向我倾诉了自己遇到的问题，我帮助她解决了。从那开始，她就变成了我的客户。"

我记得我们一位出色的女销售员曾感叹到，裙子下摆的长度千差万别，作为销售员必须清楚顾客对下摆长短的偏好。因此，她会跪下帮客户整理下摆，并询问："垂到这里可以吗？"她还会轻抚顾客的膝盖。她所做的就是"接触"，以一种温暖的方式接触。

触摸并不是服装行业所特有的方法。无论你出售的是证券、橱柜，还是锅碗瓢盆，都应该以各种方式进行努力。要和客户坚定地握手，而不是草草抓住对方的手轻描淡写地摇晃几下。你甚至可以通过触摸客户的眼睛来改善销售状况。

迪克·马茨库（Dick Mackool）博士是我的老友，也是世界顶级的眼科医生。但他对销售也非常熟悉，因为他的父亲一直在加利福尼亚州南部销售雪佛兰汽车。迪克对我说，在见到病人后，他会轻轻抚摸病人的眼睛，然后真挚地说，"你的眼睛让我想起了我妻子的眼睛"，或者是女儿、好朋友的眼睛。

这是他在销售过程中进行情感"拥抱"的重要方法，毕竟手术也可以说是销售的一种。然后，他就会进入陈述事实的环节，同时他也会一直宽慰病患不要担心，他手术的成功率达到了 98.6%，这样一来，病人就会更加放松。

根据客户差异选择最佳应对技巧

你在每一场橄榄球比赛中都能成功触地得分吗？当然不行。销售也是一样。每位销售员都需要多种销售技巧和拥抱方式，来帮助自己成功完成展示的环节。

我的侄子斯科特·米切尔（Scott Mitchell）喜欢将自己称作"变色龙"，因为他能根据客户的差异使用不用的销售技巧，有时会偏重实用性，有时会展现幽默的一面，有时又会极度认真。要记住，**销售的黄金法则，是用客户喜欢的方式对待他们。**

不同的销售员会用不同的方式来展示产品，优秀的销售员习惯于从同事那里直接获得有效的方法。因此，你可以在团队中的销售高手那里寻找灵感。正如爱默生所说："我们的愿望，就是找到足以激发自身灵感的人。"那怎样才算是有效的方法呢？

在我们店里，"赠送领带"是我和哥哥比尔惯用的方法，这个方法还是我们从父亲那里学来的，成功了上百次，屡试不爽。假设店里来了一位顾客，对方可能会说，"哇，杰克，我喜欢你的领带。"我会毫不犹豫地取下来送给客户。不可避免地，客户会谦让道，"杰克，我不是真的要你的领带。"我会回答："好吧，但如果你喜欢，我也很高兴能把它赠送给你。"

这个方法会让衬衫、裤子或正装展示的流程大大简化。客户也永远不会忘记，他们会不断给其他人讲述这个故事，这有助于你与客户建立更为紧密的联系。

我的好朋友雷·里佐和他的妻子玛丽安参加了米切尔服装连锁店的一场时装秀，其中一位男模特穿了一套相当不错的衣服。玛丽安对雷·里佐说，"那条领带特别适合你。"时装秀结束后，雷·里佐向鲍勃·米切尔问可以买到那条领带吗，鲍勃说他不清楚，但他可以去试试。然后，鲍勃取了领带，作为礼物送给了雷。

那是雷在我们品牌收获的第一条领带，后续他又向我们购买了至少20条，并且他还在一遍又一遍地向别人讲述这个故事。

在一个星期六，理查兹店的一位忠实顾客戴夫来到店里。他几乎每周六下午都会过来。我注意到他正在和销售助理弗兰克开着玩笑，说自己很喜欢一块袖珍小巧的装饰方巾，于是我就把方巾从盒子里取出来，塞进了他的衬衫口袋里。

我说："送你了，顺便祝你愉快。"

"哦，不，不，不。"他推拒着。

"请收下！"我坚持道。

我知道我的坚持让他很高兴，也让他感动。我也知道他即将要从工作了45年的公司退休了。后来我告诉他，我们准备装饰一下他的古董车，作为退休礼物。实际上，我们还有一位名叫格里·克斯迪克（Gerry Kostic）的销售员，他负责出售男鞋和汽车装饰。对于一个在我们店里花了很多次钱的客户，我只花费了几百美元，他就把更多的顾客送到了我们店铺，这是非常划算的。

当你在销售过程中向客户赠送了礼物，尤其是客户喜欢且能派上用场的礼物时，客户会感到惊讶，虽然他完全支付得起，但意料之外的惊喜，总能打动人。这就是"免费"的力量。

我第一次意识到这一点是在40年前，当时我在佛罗里达州，参加了艾佐德（Izod）赞助的高尔夫球比赛和网球比赛。艾佐德给我们准备了满满一袋礼品，有网球衫、高尔夫球衫和毛衣。当时一家零售商的总裁抢走了一条网球短裤，另一家商店的总裁则多拿了6双袜子。因为它们都是免费的，每个人都喜欢免费的馈赠。

如果有必要，你甚至可以帮客户从其他商铺购买商品。有一次，一位客户打电话给我们的销售助理玛丽莲·瓦拉克，说他想为妻子买一套漂亮的睡衣和浴袍。玛丽莲深吸一口气，说："抱歉我们不卖睡衣和浴袍，但我会帮你找。"她冲到附近的一家内衣店，说服了店里的人员，给她找了几件备选。客户到达后，买了其中一件，并顺手买了我们店里的一些商品，其中就包括一件精美的珠宝。

还有就是"愿望清单"。我们珠宝部的明星销售员米迦勒·罗曼诺总是告诉客户，说可以为他提供一份清单，客户可以在上面列举出三至五件特别想要的礼物。然后，当客户的妻子或丈夫过来购买周年纪念日或生日礼物时，她就会参考清单给出推荐。这些愿望都被她悉心保存了下来，其中有些愿望甚至可以追溯到13年前。当客户知道了爱人想要的礼物后，我们就能有的放矢。

现在，我们在自己的网站上开拓出了一个专门的区域，为在线购物者留存他们的"愿望清单"。

下面我要说到的方法则适用于忠诚的老客户。你每次只需要向他们展示一件商品，因为你知道他们每次到访的目的，推荐太多反而不美。在接下来的一周，他们可能还会再来，你也要相应地准备好下一次的商品。不过，如果顾客一季度只来一次，就可以多推荐一些对他们有用的商品，因为他们每次都会大量采购。

只要能愉悦客户的心情、为客户创造舒适的环境，就尽量放手去做。我们过去曾在店里摆了一架钢琴。某年的圣诞前夕，一名女歌剧演员想为母亲买一件外套，就带着母亲来到了我们店里，我们热情地接待了她们。

女歌剧演员确实带来了圣诞节的欢快气息，她和母亲坐在钢琴旁，一起演唱了《圣善夜》(*O Holy Night*)。店里所有人都聚集了过来。随后她又唱了《平安夜》(*Silent Night*)，歌声美妙得令人叹为观止。每个人都兴致勃勃，最后，我们也卖给了她一件漂亮的外套。

还有一个我读到的例子，发生在保险行业。在 20 世纪 70 年代到 80 年代间，本·费尔德曼 (Ben Feldman) 被誉为有史以来最成功的人寿保险经纪人。他在俄亥俄州的东利物浦小镇和周边地区做着多份兼职的同时，还卖出了巨量的保单。

他最擅长且有效的方法，是用三张虚拟支票完成的。通过三张支票，他向潜在顾客展示了税收是如何给投保不足的人的遗产造成严重影响的。

第一张支票的日期为"今天"，是某人向纽约人寿开出的 1 841 美元，根据他的年龄和病情，保单溢价约为 75 万美元。第二张支票的日期是"明天"，是由纽约人寿向投保人的家人开出的，金额为 75 万美元。第三张支票日期也是"明天"，是由投保人为留下遗产开给国税局的，金额为 25 万美元。

费尔德曼会告诉潜在客户，如果他们负担不起签着自己姓名的第三张支票，就应该签下第一张支票，从而让家人收到第二张支票，才有钱去支付第三张。

费尔德曼做的另一件事，就是将 1 000 美元的钞票贴在公文包的内盖上，确保自己打开公文包的时候，客户一眼就能看到。他对此也没有多做解释，就是把钞票贴在那里而已。不过钞票传递了一个信息：这是一个非常成功的人，因此他说的话值得一听。

英国时装的领先连锁店法兰绒（Flannels）分享了一位优秀销售员的经验。当时，一位新顾客和妻子一起进入了商店。销售员和客户攀谈后了解到，他们最近才移民英国，于是销售员便打听起他们在英国生活的感受。客户说，除接送孩子上下学有些繁忙之外，生活很美好。因为学校附近的区域非常拥挤，他们不得不将车停在远处，步行十分钟到校。天气恶劣的时候，这种情况是很痛苦的。

销售员询问了学校的名字，了解到是自己家街对面的那一所。接着，他跟这对夫妇说："那您的问题解决了。您可以随时用我家的车道来停车。"这对夫妇简直不敢相信，特别是他们才刚刚遇到这个男人。但销售员说，这就是法兰绒服务的内涵所在。后来，这对夫妇成了销售员忠实的客户和朋友。每次丈夫在车道上见到销售员的时候，问候语总是："您今天为我准备了什么？"

在开发和执行这些销售技巧的时候，要记住始终将焦点放在对客户最有利的方面。永远不要将操纵和欺骗掺杂在销售过程中。

投入其中，享受乐趣

销售的时候，一定要"玩得开心"，虽然我早就提过这一点，但还是有必要再说一遍。销售对于买卖双方而言都应该是愉快的、好玩的。要记住，员工快乐就意味着客户快乐。

商业房地产经纪公司世邦魏理仕（CBRE）高级副总裁肖恩·卡希尔（Sean Cahill）给我讲过一个有趣的销售故事。当时他们有一栋新建的 10 层办公楼准备出租。他们想从底层开始，逐步向上展开租赁。

有一位潜在客户想直接租用顶层。为了解决这个问题，开发商向租户发起挑战，比赛爬楼梯赛跑。如果承租人获胜，他就能租用顶层。否则就只能租用低楼层。

开发商是一个四十多岁的男人，从事建筑项目，他的工作就是每天上下楼梯，向客户展示楼层空间。因此虽然租户很年轻，开发商也认为自己能轻松取胜。

但他不知道的是，租户因为想要攀登一座雄伟的山峰，所以一直在努力锻炼。最后，客户轻而易举地将开发商击败了。大口喘息之后，开发商跟租户友好握手，并承诺将顶层租出。租户也因为这个有趣的游戏，和开发商建立了非常友好的关系。后来，他又在这栋楼里租用了近 30 万平方米的面积。开发商说自己天天被客户"教做人"，但客户也因此与他建立了良好的关系。

有次法兰绒时装连锁店的一位员工应邀到客户的家中拜访，展示新产品。客户是一位著名的橄榄球运动员。

展示结束后，客户提出了一个挑战，两个人要进行一场乒乓球比赛。销售员如果赢了，就能获得客户签名的英格兰衬衫。客户如果赢了，就能免费获得他一直心仪的一款由知名设计师设计的洗漱包。

销售员微微一笑，心想，自己在上学时就是学校的乒乓球冠军，怎么可能会输。30 分钟后，销售员满身大汗，他已经输掉了三个洗漱包。过了一会，客户把签名的衬衫和包的钱都给了他，还笑着说，看着他如此努力取胜，这笔交易是非常值得的。

最重要的是，这场小小的乒乓球比赛加深了买卖双方的关系。后来橄榄球运动员不仅到店里买了很多商品，还向其他朋友和队友推荐了法兰绒时装连锁店，他们也成了那里的忠实客户。

找到专属于你的优势成交法

金杰·柯米安是我们理查兹店铺的金牌女装销售员，她有一套自己的"金杰主义"，并愿意和其他同事分享。它可能不适用于每个人，甚至所有的销售员可能都不认同，但对金杰来说它却极其有效。我坚信只要销售员能找到独属于自己的销售技巧并不断完善，就能在工作中发挥巨大作用。金杰就是这样做的。

"金杰主义"中有一条法则是，利用红色的魔力。金杰了解到，红色往往会增强自己的控制力，她说这是自己达成销售的不二法门。因此，当她遇到棘手且顽固的客户时，金杰就会穿红色衣服；如果客户说自己在开会中遇到了麻烦，她就会建议客户买一套红色的衣服。其他法则还有：

在客户对着镜子试穿衣服时，你能从镜子中看到客户的脸，如果他是微笑着的，你就知道客户喜欢这件衣服。

永远不要和客户谈需求。如果客户说："我不需要这个"，金杰就会说："我们从不谈论需求。"因为她知道客户想要，这一点点肯定就会让客户感到安心和释放。在销售中，你需要强迫自己成为心理学家。

如果商品很容易就能卖出，金杰就会营造一种紧迫感。例如，她会对客户说："这件衣服卖得很火，我们手上现在就有一件尺码适合你的。"

要露出双腿。金杰发现，年纪稍长的女士，往往喜欢穿休闲裤。于是她对这类顾客说，他们的丈夫可能更喜欢看她们穿晚礼服，她提醒她们，随着年龄的增长，双腿会发生变化。顾客随即看了看自己的腿，发现金杰说的是对的，然后就买了礼服和连衣裙。这不仅能让她们感觉更好，她们的配偶也会很开心。

这里还有几条"金杰主义"经验：天鹅绒质地的衣服更显瘦；脸部用浅色粉底能年轻十岁；男人更喜欢女人穿带颜色的衣服。

金杰总是喜欢在初次接触时就探明客户的星座，因为她发现，相同星座的客户能展现出一定的共性，这能帮助她更好地服务客户。她分享说："处女座的客户会自己检查每一个细节，'哦，衣服这里有个小瑕疵'，她们往往会逼疯你。而像白羊座、双子座、狮子座的客户，她们的状态会很放松，也不吹毛求疵。"

金杰总喜欢说，"我有很多小花招"。而我想说的是，每位销售员都有一个"工具箱"，里面装着向不同客户销售的"工具"。正如我们所见，金杰的工具箱已经装满了。

用正确的方法不断练习，才能完美执行

如果执行不够完美，绝佳的技巧也不会奏效，要做到完美的执行，需要不懈的练习。从小到大，我总能从母亲或教练的嘴里听到"你的练习非常完美"，我也喜欢和儿子、孙子说这句话。我总是说："想要完美，就要多练习。"

我在四年级时，是一个瘦弱的孩子，但我渴望成为一名优秀的篮球运动员。每天我都虔诚地用右手练习 100 次上篮，然后再用左手练 200 次。六年级的时候我进入了篮球队，教练说我是韦斯特波特有史以来第一位用左手上篮的选手。"左右开弓"的能力还帮助我在高中当了三年的篮球队长。

最近，我一直在练习烹饪。在开始练习的第二天，我能熟练地煮麦片了。因此，我决定做出 5 人份的麦片。我打开热水器，在等水烧开期间去写了些东西。结果，我差点把房子烧了！于是我意识到我需要练习，而且要设定好计时器！

马尔科姆·格拉德威尔（Malcolm Gladwell）在他的书《离群值》（*Outliers*）中说，要在一个领域内精通一项事务，大约需要10 000 个小时的练习时间。甲壳虫乐队成立之前，乐队成员曾在德国一起度过了两年时间，共同参加了 1 200 场音乐会，才互相磨合了解了各自的长处。

格拉德威尔还指出，仅仅通过练习是无法造就"完美"的，它造就的只是"固定"。为了实现完美，你需要以全面且正确的方

式进行练习，还要通过练习来发现需要改进的地方。无懈可击的实践才是完美的，我们要确保剔除所有的不良习惯，并将这种实践坚持下去。世界上最强的双陆棋玩家曾将 10 000 种棋子的走法编辑成了一个数据库。每天早晨，他都从数据库中抽取 30 个进行练习，以保持良好的状态，确保在实际比赛中尽量减少失误。

实践几乎能提升所有行动上的表现。但坦率地说，有多少人能持续练习销售技巧呢？我猜人数应该不会很多。

通过角色扮演模拟客户接待并不容易，但也是可以做到的，且值得为之付出努力。有的销售员会给自己的销售过程录音，然后播放出来，这种方法可以尝试，你可能会对自己当时的状态感到震惊，要么太激进了，要么太悠闲了，总之和你设想的完全不同。

想要擅长销售，就需要练习新技术、新话术，寻找新问题。最近，我在认识客户的过程中尝试着问出了一个新问题：你 17 岁以前发生过什么影响到生活的事吗？它迫使人们回忆并思考可能与他们建立过联系的人和事物。

实际上，你也可以在家里练习销售。当你和爱人在厨房时，你可以带着微笑礼貌"营销"他去倒垃圾。等他回来后，再给他一个温柔的拥抱，然后他可能就会说："我顺便也把碗洗了吧。"

也可以尝试一些更难的销售，比如让孩子做功课。要保持愉悦的气氛，而不是通过赤裸裸的威胁，例如说把孩子的手机冲进马桶之类的。销售一直都在潜移默化地发生，因此你只需要在生活中开展实践，然后把经验转移到工作中即可。

我们的企业文化允许销售员通过观察和交谈来提升自己的销售能力。在我们的店铺里，有一些真正的"老兵"。约翰·希基和杰夫·科扎克都有着 38 年的销售经验，我们的裁缝图里奥·吉安诺帝（Tullio Giannotti）有 43 年。

如果想要计算他们一年内的工作时间，就用至少 300 天乘每天 8 小时，那么他们每年要至少工作 2 400 小时，10 年就是 24 000 小时，40 年就是 96 000 小时。这样看来，约翰、杰夫和图里奥就是格林威治的"甲壳虫乐队"。因此，我一直敦促年轻的销售员观察他们的工作方式，然后加以实践。

俗话说得好，魔鬼在细节中，细节决定成败。在我看来，快乐也在细节中，细节决定心情，细节决定销售。

我一直在鼓励销售员从购物篮中将顾客已经购买的商品，比如西装、运动夹克和裤子等放在桌子上，然后在它们下面放上两到三件合适的衬衫、几条领带、皮带，以及一双鞋子，如果是在冬天，还可以放一件外套。或者，如果客户购买了休闲服装或高尔夫球衫，销售员可以提供这些着装的补充配件。

如果你不希望客户在等待时冷场，你就应该经常练习做这类搭配，直到它成为你的本能。

有时客户会做出其他选择，所以也要提前做好第二方案。当然，第二方案也需要你花费时间做好预演和准备。我听过这样一种说法："不脚踏实地，就别想干出什么名堂。"因此，你不仅要对行为的结果有预期，还要实打实地做好准备。

洛可·墨西拿（Rocco Messina）是我们另一位优秀的销售员。他说自己最擅长的就是利用货架，他会将所有商品排列好展示给客户。他说："这种方式可以让我根据客户的喜好迅速做出反应，还能帮助客户轻松做出选择。"

在运动领域，经常会听到"肌肉记忆"这个词。像高尔夫球选手会持续重复不熟悉的挥杆动作，直到形成肌肉记忆为止。销售展示亦是如此。肌肉记忆一旦形成，就会成为你的安全感：只要想起就会让你觉得安心。它还会深深地镌刻到你的 DNA 中，让你自然而然地步入销售高手的行列。注意，不断练习才能达到完美。

如何在舒适区和变化之间取得平衡

想象一下这种情况是否发生在你身上过：在感到沮丧或百无聊赖的时候，你会不自觉地回到一个舒适的环境中。我们每个人都有自己的舒适区，用来放松身体或情感。你是不是在家中有最喜欢的椅子？是不是喜欢睡在床的某一侧？是不是不喜欢在晚上11点之后接电话？拥有舒适区并不是什么问题。

然而，当销售员无法在舒适区和变化之间取得平衡时，他就会面临一些挑战。为了跟上不断变化的世界，我们只有离开舒适区才能获得成功。比方说，我手下的许多销售员只销售他们喜欢的产品。我注意到他们经常会抚摸拉平毛衣、衬衫、上衣、西装和手袋，就像触摸金子一样小心翼翼。

他们在完成销售之后，就会退回舒适区，也就是服饰制作的区域，像男装部、女装部或鞋包配饰部等。因此，他们就会错过这些区域之外的有趣经历。我花了很多年才搞清楚如何将有趣的服装组合到一起，比如某些领带和西装的搭配，以及为什么棕色绒面格或蓝色西装应该搭配棕色鞋。在了解了这些内容之后，我成功地扩大了自己舒适区的范围。

我的侄子，同时也是理查兹店铺的运营者斯科特·米切尔指出，很多销售员陷入了一种"历史经验主义"的怪圈。他们会查看客户之前选购的商品，并持续向客户展示类似的商品。这是错误的做法，人们的购买欲望和购买能力是不断变化的。有些销售员会在销售时喃喃自语："我不能给他们看这个，这个太贵了，他们不会买。"他们没有了解过，当然不会买。当销售员撤回自己的舒适区后，他就不会积极地进行思考了。

如果你拒绝蜗居于舒适区，你就能时刻保持进攻状态，应对一切来自销售的挑战。在大多数情况下，如果你能像站在网球场上一样时刻保持比赛状态，并规避掉各种错误，就总能发掘出客户隐藏的额外需求，优秀的销售员从不妄下定论，而是会观察和倾听一切。

有一次，我的一些举动让客户感到了不安，而我也意识到了这个问题。我向客户道了歉，并开始注意自己的举动。在整个过程中，我一直让自己保持着比赛的状态。她离开后，还给我发了电子邮件，说很高兴我能注意到这个问题。

　　许多销售员会刻意回避不满意的顾客，就像面对疯子一样避
之不及，连滚带爬地退回自己的舒适区，但这样就会让自己之前
的努力付之东流。

　　要记住，离开舒适区不等于放弃舒适区。你一旦寻找到了新
的可能性，就可以回到熟悉的环境中放松精神。比如，我会在度
过了漫长的一天后，开车回家，坐在自己最喜欢的椅子上看新闻，
最后在我已经睡了 56 年的床上进入梦乡。

接受所有仪式感

　　先坦承一下，我并不能承受太大的压力，因此，在展示阶段，
以及整个销售过程中，我都会选择做自己。

　　每个人都有自己的怪癖。举世闻名的演员理查德·波顿
（Richard Burton），无法忍受和蜜蜂共处一室；网球名将塞蕾娜·威
廉姆斯（Serena Williams）会在第一次发球前拍 5 次球，第二次发
球前拍两次；纽约大都会队的投手特克·文戴尔（Turk Wendell）
喜欢在各局比赛之间刷牙。

　　销售员也是凡人。他们有各种各样的信念和五花八门的爱好。
随他们吧，要拥抱这些千奇百怪，不要抗拒它们。比方说，很多
销售员都有些小迷信。我虽然不信这些，却喜欢和珠宝销售员开
玩笑，我和他们分享说，每次向客户展示一件名贵珠宝时，我都
会交叉自己的手指（在西方文化中，交叉手指是希望得到好运气）。

每次团队成员分享自己的小怪癖时,我都鼓励他们不要因此难为情,我总是提醒他们,信心对销售的成功至关重要,只要能为他们带来信心,让他们做回自己,我就会不遗余力。

金杰说,她最喜欢每天做成的第一笔交易,很好,我们会倾尽全力帮助她。她还偏爱右边的第三间更衣室,也喜欢把顾客带到那里试衣,她的很多客户都认为这里是他们的专属更衣室。

克莱尔·格拉德斯通(Claire Gladstone)也是一位杰出的销售员,她也有着自己的小仪式:"我喜欢跑步上班,到达米切尔服装连锁店之后我会喝一罐红牛饮料,如果当天跟客户有重要预约,我还会听听《功夫大师》(*Kungfu Fighting*)这首歌。我知道这听上去挺傻的,但对我特别有用。我如果觉得要给自己施一些额外的魔法,就会找个没人的地方听着《功夫大师》跳舞!"

还有一个销售员说,如果能在火车到站后第一个下车,就能拿到一笔大订单。因此当火车进站时,他就会抢先站在门口。一个朋友告诉我,他认识的一位销售员在谈生意时会在钱包里装上四个橡子。我还听说有销售员在接待大客户时,会特意把袜子反过来穿。如果这些做法能提升你的信心,敬请自便。

顺便说一句,客户也会迷信,而销售员要及时发现,想出对策。我们有一位在华尔街工作的顾客,在市场不景气的时候,他会丢掉自己穿过的衣服。他曾经买过一双特别花哨的奢侈品鞋,每次他穿了那双鞋,股市都会大跌。于是他路经河边的时候,直接把鞋脱掉扔进了河里。因此，每当市场不景气的时候，我就会准备大量的衣服展示给他。

如何让客户瞬间脱离"寻找状态"，进入"购买状态"

销售过程中会出现一些"魔法时刻"，能让客户瞬间脱离"寻找状态"，进入"购买状态"。

因此，销售员需要在"展示""分享""分享""展示"的模式间来回切换，直到客户从"被营销"状态转变为"购买"状态。这是一种气氛上的改变，就像周围的风在一瞬间静止了一般。不同的销售员会用不同的比喻来描述这种感觉，销售菜鸟可能要花些时间去识别，但销售老手能瞬间捕捉到这种感觉。

客户会在不经意间透露出一个或多个对你有用的线索，即所谓的购买信号。比如，顾客开始露出笑容，像已经拥有了一样用力抓住产品，或停止关注其他替代商品等。当客户开始真正思考和理解产品或服务所产生的影响时，他们就会对细节产生浓厚的兴趣。而这些细节部分就是你要努力的地方。

到此时客户就不会再提出什么问题了，因为他们已经走过了聆听的阶段，开始产生购买产品的想法。这个阶段最重要的线索，就是客户明确表示了"我喜欢"，这句话是所有销售员梦寐以求的。

客户情绪发生转变的时刻，就是你进入销售的第四阶段，即签订订单、结束销售的时刻。

拥 抱 指 南

◎ 不要推销，要与客户交谈。充分利用你的"话语情商"
  与客户建立合作伙伴关系。

◎ 要比客户和互联网更了解自己的产品。

◎ 不要卖花哨的产品，而要"卖蓝色"，这才是客户一直想
  要的产品。

◎ 让客户试穿，或通过其他产生实际接触的方式来测试产
  品，让他们通过触摸去感受!

◎ 找到影响者，他们才是真正决定要买什么东西的人。

◎ 别以为信任是与生俱来的，要用诚实赢得客户的信任。

◎ 用好身体接触，这是一种极其有效的方法。

◎ 通过实践练习技巧，并根据反馈做出改善。

◎ 通过走出舒适区来促进销售。

◎ 让客户进入"购买状态"，说出"我喜欢"。

第 6 章

阶段 4 ："允许"购买

有一次，我全程观看了一位销售员和客户之间的互动。这位销售员的任务是帮客户找到一件新的运动夹克。他真的很了解自己的产品，并提出了多种选择供客户考虑。这位客户对自己喜欢什么其实一清二楚，销售员也很了解他。

这位销售员的态度温暖且放松，是那种很好相处的人。他一直在用有趣的故事和话题吸引着客户。他们谈到了一次垂钓之旅、谈到了不同类型的驱蚊剂、谈到了织物在潮湿气候下的耐磨性、谈到了企鹅（别问我为什么，因为我也不知道）。

我一直在问自己："这家伙准备什么时候结束交易？"我必须千方百计地提醒自己，避免陷入他们的谈话中。在此期间，我甚至把打包都做好了。

我见过各种各样的销售员，无论是在我们的店铺里，还是在其他商店。这些人都很优秀，有人会讲引人入胜的故事，有人擅长观察顾客的行为，有人是耐心的听众，有人是天生的展示家。

上述这些优秀的品质，都能帮销售员尽快达成销售。但如果无法结束交易，就只会一次又一次地陷入游说的循环，永远无法找到重点。我每次看到销售员不断地介绍、介绍、再介绍，都想大喊："好了，够了，可以结束了！"

我们都希望能在店铺打烊之前为客户递上订单。这个时间点，就是销售员展示完毕、结束交易的时刻。如果销售员能采用正确的"拥抱"方式进行销售互动，就可以引导客户进入购买状态。但此刻你如果没做好准备，就会白白流失这个机会。

"展示和分享"这个阶段的确可以持续进行。但是我多次目睹过不少销售员在这个环节做得有些过火了。他们可能会说，这个产品有 17 个优点，然后逐一分析每一项。而这往往会给他们带来不少的麻烦，他们可能会提到产品某些对销售员有利，但却不利于客户的特点，或者会让客户感到无聊。客户听的时间过长，就会渐渐失去兴趣，左耳进右耳出。

在客户不想继续听取相关产品信息的时候还盲目游说，是大部分销售员失去订单的重要原因。谈论产品本身无可厚非，但你要知道什么时候该停下来。

如果不能结单，你就不是成功的销售员。我一直认为在店铺中，一切皆有可能，但不能结单的交易，就消除了销售中最重要的可能。结单有时的确会非常棘手。最重要的是，牢记你销售的目的，并奋尽全力达成目标。优秀的销售员从不仰仗运气，而是自力更生，但切忌强买强卖。就像我一直在说的，成功的销售员从不强迫客户，他们不会用炮弹让客户屈就，糖衣炮弹也不行。

结单应该是在对话中自然而然流露出的一种提示，如果一切顺利，可以很容易就探寻到客户的购买意向。你的话语越柔和，客户购买的可能性就越高。

在理想的销售场景中，客户会感觉获得了帮助，而不是被占了便宜。你不需要说服客户，而是在为客户提供便利，让他们自己去说服自己，换句话说，要"允许客户购买"。

因此，我将第四阶段称作"允许购买"，这是决定成败的阶段，也是交易达成、资金流入、满足客户的阶段，是最关键的时刻。

永不拒绝，永不言败

为什么销售员会在结单过程中遇到麻烦？通常是因为害怕遭到客户的拒绝。拒绝是销售中无法避免的，也是我们司空见惯的，但它仍然会让人感到恐惧。所有销售员面对拒绝都有着不同程度的感受，对某些人来说，这甚至是致命性的打击。

显然，并非所有客户都会买东西。有时候你花了一两个小时陪伴客户，回答了上千个问题，但客户拒绝了你提出的所有建议，就是不买，这种情况时有发生。

但这也是正常情况。客户拒绝购买，并不是对你销售能力的否定。这只是意味着，出于各种正当的理由，客户现在还没有做好购买该产品的准备。

尽管如此，对销售员来说，直面客户的拒绝还是很困难。很多时候，销售员会因害怕被拒绝而不愿去预判客户的选择，而且他们总是在想象最糟糕的情况，如果知道自己终会失败，为什么还要尝试着向客户提出建议呢？而客户也能感知到这种恐惧，并因此拒绝购买。

有一天，我和我的网球教练格雷格·莫兰（Greg Moran）一起打球，他向我展示了一套常规的击球流程：先凌空截击，然后收拍。我总是做不好收拍的动作。当时我正在构思这本书，所以我对自己说，收拍的时候不妨告诉自己"要结单"。从此以后，在收拍的那一瞬间，我都会默默告诉自己"要结单了"，然后我就能完美地击球、收拍。

根据以往的经验，我认识到，其实对失败的恐惧比现实更糟糕。如果能意识到这一点，你就可以顺利结单。

许多优秀的销售员发现，每次都要先联系 10 到 20 个客户，才会有一位顾客"咬钩"，成为销售的对象。在客户认可之前，他们都要经历无数次拒绝，一来二去脸皮也厚了起来。

我的好友亚瑟·莱维特与我分享了他的经历。他的第一份工作是广告推销。大多数时候，生意并不好谈。在经历了多次拒绝之后，他意识到自己要"忘掉过去"，重新再来。不断将执着和热情结合起来，就会在意想不到的时候，哇，突然间交易就达成了。每一位优秀的销售员都需要坦然接受客户的拒绝，百炼成钢。这是他第一任老板告诉他的，他将这句话印在了脑海深处。

当然，如果拒绝来得太频繁，销售量就不会太高，你也不会在相同的领域内耕耘太久。但销售就是一个不断"挥棒"、不断试错的过程，重要的是我们要做出"挥棒"这个动作，这是获得成功的唯一途径，只有不断"挥棒"，才有打出本垒打的可能。

肯耐珂萨（IBM 下属公司，专门提供就业咨询的人力资源外包公司）的一项研究发现，成功销售最重要的因素，就是在被拒绝后有勇气继续前进。我观察到的事例也完全证实了这一点。

销售员必须认识到，从拒绝中汲取的教训更有助于销售能力的提升。优秀的销售员会经过慎重的思考，从中体悟到降低拒绝率的方法。为了在销售中脱颖而出，你必须想象出成功销售的场景，并预见到整个过程中的全部阶段。

杰夫·科扎克是我们店铺最出色的销售经理之一。他曾对我说，他从未听过客户对自己说"不"。当然，他肯定听到过，但在他的耳朵里，客户"不"想要的只是灰色的细条纹西服，他需要的可能是黑色的西服；他"不"想要的是绿色的圆领毛衣，他想要的可能是有勃艮第纽扣的那一件。

"不想要"不是全盘否定，而是客户转移到下一个可能性之前的短暂停顿。客户仍在考量，仍在权衡，他并没有完全拒绝购买。这就是杰夫应对拒绝的方式，这种方式对所有人都非常有效。

与此同时，如果客户明确表示不打算购买商品，也请接受这个现实，从头再来。销售员需要向专业扑克牌玩家一样，知道何时握牌，何时弃牌。如果你设置好了备选方案，主动进攻后，客户仍没有购买，那就做好弃牌的准备。此时的损失可以从另一笔生意上找回来，放平心态，微笑面对。

有时，客户今天的一句"不"，也会为他将来与你达成交易埋下伏笔。你已经建立好了信任和联系的基础，一时的失利不算什么，明天又是崭新的一天。

就像杰夫听不到客户说"不"一样，他自己也不喜欢用这个否定词。所有销售员都应该尽力避免使用"不"这个词语。如果客户的要求你无法满足，先不要忙着拒绝，而是提供另一种替代方案："我们可以明天再试一试""我可以再为您找一件红色的"。

要记住，销售既关乎理性，又关乎情感。"不"这个词语带有负面的情感冲动。当销售员没能及时聆听到客户的声音时，客户会为此感到难过，认为自己不被重视；当客户没能及时领会到销售员的意图时，销售员也会感到沮丧。这是双方沟通中的一些障碍，就像在钢琴上敲下一个不和谐音一样。

我的建议是，尽量不要对客户说"不"。我们的目标应该是从销售过程中完全剔除掉这个词语。伟大的销售员不仅听不到"不"，也从不说"不"。

你的自信对交易达成至关重要

我看到很多销售员在结单时会变得畏缩。他们踟蹰不前，耷拉着肩膀，在客户面前，他们似乎变得越来越微小。优秀的结单者总是充满信心，但他们并不自大，这两者有着很大的区别。

我认为自己了解这两者之间的区别。我总是在网球场上想起这两个词，如果我能保持良好的状态，一如既往地发出好球，接下来球也正好飞到了我方便击打的位置上，速度完美，转速正好，此时我就会充满信心。

但当事情进展过于顺利时，我又变得难以专注，从而自大。我会对自己的肌肉说："你还可以用更大的力气，用更猛的力道来击球。"然而在这个念头出现的刹那，我就丢了球，最后输掉了比赛。

在销售过程中，自信的销售员会耐心聆听，并对客户的语言和非语言信号做出反应，选择恰当的时机结单。而另一位刚刚和客户做了一笔大生意，莫名感觉自己是世界之王的自大的销售员，则会放弃倾听，专注于自己的需求和欲望，并试图在这样的情况下结单。当这种情况发生时，客户会因被强迫结单而放弃对销售员的尊重，掉头离开。这样一来，结果就只剩失败。

骄傲自大的销售员还有这些表现：不可一世地挺着胸、用手指着客户的脸、态度更像是在诉说而不是分享、更多地谈论自己而不是倾听，甚至是不在乎自己的仪表，领带上沾着芥末渍、嘴里冒着洋葱味！他们目光游移，从不直视客户，还武断专横，从不听从别人的帮助和建议，咄咄逼人，强买强卖。

简而言之，他们就是我妻子琳达口中的"自我中心者"。但销售员应该是"客户中心者"，我也曾听到过遭遇此类销售员的客户抱怨道："这里到底谁是客户？"

我不知道这种自大的销售员究竟能干多久，毕竟大多数客户都不喜欢这种自我感觉良好的"万事通"，反正我不喜欢。

这种现象可以归因为"自我意识的过剩"。虽然自我意识对于销售达成和信心建立至关重要，但不宜过多。

自大的销售员往往认为自己是无敌的，但优秀的销售员应该表现出一定的脆弱性。正是这种脆弱和谦卑才能督促自己时刻保持警惕，进而努力学习，不断改进完善。你需要一个"大"的自我，也需要一个"微小"的自我。

尤其是在销售的初期，许多销售员都不够自信，这是一个非常重要的问题。在我看来，这就是你"拍打耳朵"的最好时机。

我的朋友乔是一位非常成功的高管，他曾向我分享过一个故事，引起了我的共鸣。有次他和家人一起去参观非洲野生动物园。他们在导游的陪同下，驱车穿越一片乡村地区时，被30多头大象围住了，大象都簇拥在汽车旁边，身形巨大。乔对我说："虽然当时我没承认自己很害怕，但我已经下意识地在寻找出口了。不幸的是，没有出口。"

大象们开始用鼻子碰触汽车，大概是想弄清楚汽车的味道究竟怎么样，幸运的是，他们并没有对汽车产生什么食欲。它们的耳朵不停拍打着，向导说这是个好兆头。

"真的吗？"乔问道。

"是的"，向导说，"当大象准备好觅食时，他们会拍打耳朵。"

"为什么？"乔再次问道。

"因为它们想让自己变得更大。"

乔告诉我，他从中学到了这样一个道理：只要你想变得更大，你就能走得更远。

我非常同意。我的公开演讲教练给过我一个简单的建议："只要在脚下垫高五厘米，你就会感觉自己更强大，更具有控制力。"销售员喜欢控制销售的过程，因此一定要增强自信心，"拍打耳朵"，完成销售，顺利结单。

如何降低价格在销售中的影响

毋庸置疑，价格是销售过程中的关键。虽然价格早就向客户做好了公示，但也必须在结单时再次做好展示，因为这是客户做出购买决定的关键时刻。

由于我们的店铺经营的是高档服装，因此大多数客户对价格并不会过于敏感，但这并不意味着他们不在乎价格。我一直觉得，其实每个人都喜欢讨价还价。我总说，"有钱人喜欢讨价还价，穷人则需要讨价还价。"在有钱人到穷人的刻度盘之间还有很多人，其中也不乏讨价还价的爱好者。

我们的定价理念是，价格不应比竞争对手高，哪怕是一美元，如果有例外，我们也会做出调整。我们从未协商过成衣的价格，一般也不做折扣，只在供应商或设计师给我们折扣，或季末来临的时候才会出现例外。

我们一般会以正常价格出售产品，一是因为我们的产品具有内在价值，二是基于我们的品牌。另外，我们定价的核心是个性化服务，而它本身就具有价值。

重要的是，销售员需要找到适合客户的价格点。这项工作要在销售过程中展开，且必须在结单之前完成。这个价格自然不能太高，但也不能太低，不然客户会感到自己被冒犯了。在实际销售过程中，定价过高是一种错误，但过低更为严重，这简直就是一种罪恶，**你如果不确定顾客的理想价格，就定一个略高的价格。**

许多销售员在客户完全了解产品之前就过分专注于价格，这是错误的。其实价格就是产品价值的表现，通常，在销售员对质量和耐用性做出解答之前，很少有客户愿意为一件衬衫花上250美元。这就是你在定价前必须做好产品展示的原因。

我还要强调的一点是，要让客户对他们即将购买的产品有一个相对准确的价格预期，并一定要在客户到达服务台买单之前告知确切的价格，你应该不希望客户在付钱之前大吼："我的天，我不知道这件衬衫卖350美元！你疯了吗？"

我知道一些婚礼筹备商店在客户填写婚礼预算、接待地点等信息之前，会拒绝告知客户礼服的成本；有的床垫制造商会把同质床垫给出不同的名称和价格供给不同的商店，这样店铺就能根据客户的情况随意定价，也让客户丧失了比较产品的自由。这都不是对待客户的正确方法，这样做有损客户的信任。

我常常想，为什么大家都不愿意信任汽车销售员。一个重要的原因就是，大家在进入停车场，看着眼前各种各样的汽车时，没人能给出某品牌汽车的准确价格。每辆车貌似都是被明码标价的，但地球人都知道标签上的价格根本做不了数，它只是买卖双方价格拉锯战的起点。

我曾经读过一篇关于得克萨斯州一家汽车经销商的文章，大受震撼。那家店铺汽车销售定价策略的水实在太深，甚至员工都会警告自己的母亲去其他地方买车。随后厂商发起了一个重要改革，开始执行定价销售策略，不再玩什么高开低走的把戏。每辆车都在广告中明码标价，而且这个价格对于客户和经销商来说，都是公正且公平的。

一些资深的销售员不喜欢这种新做法，就离开了，他们的位置逐渐被一些销售行业的新手取代，而后者并不会拘泥于旧的做法。结果就是销售业务急剧增长，因为客户可以信任销售员了。

有关定价的问题催生了很多心理学研究。几年前有人做过一个经典的试验，要求被试者在价格中等和价格低廉的烤箱之间做出选择，结果发现两种产品的销售额大致相等。但当实验人员将价格更高的烤箱加入选择组合之后，价格中等的烤箱销量猛增了40%。仅仅添加了一个更加昂贵的选择，价格中等的产品就变得炙手可热。

一天晚上，我与行政助理艾米和杰基在一家意大利餐厅共进晚餐。我之前曾在那里做过一个和"拥抱"相关的演讲，经理也认出了我。我起身点了一杯烈一些的红酒，根据标价，最贵的红酒大约每杯 15 美元，而他向我极力推荐的，是每杯 11 美元的。

后来，在我与他讨论和销售相关的问题时，他特意提及了这次经历。他表示，特别是在第一次与客户建立联系的时候，销售员要尽量推荐价格略低于客户承受范围内的产品，以此来证明自己对产品了如指掌，还能让客户对自己产生充分的信任，认为销售员能为他们提供最大的价值。

无独有偶，我们在理查兹店铺的约翰·希基也通过相同的方式赢得了客户的好感。某天，他向一位客户展示了一款和斯沃琪（Swatch）造型非常类似的手表。客户后来对我说，约翰给他看的手表和斯沃琪的样品几乎完全一样，但价格却低廉得多，他为此收获了一次满意的购物体验。客户说，这就是他钟情于在这里购物的原因。

有些客户认为，如果他们支付现金，我们就会提供折扣。我们确实喜欢现金，但我们的商品价格不管面对哪位顾客都是相同的。我们甚至愿意给客户翻跟头，但价格就是价格。

另外，我们的销售员还非常清楚，管理层和所有权并不会改变他们的定价，这种诚信在销售过程中至关重要。

但珠宝是唯一的例外。对于价格昂贵的产品来说，我们会尽量延长折扣期，这几乎是每个合法珠宝商都会采取的措施。

在销售领域，很多商铺的产品价格会比我们商店设置得更有弹性。在许多行业，讨价还价是销售员必须掌握的一门艺术。律师会和当事人协商费用，医生也是如此，在飞机上，无论你是坐头等舱、商务舱，还是经济舱，你和左右两边的乘客所支付的价格都会或多或少存在差异。

我的建议是，销售员要尽量减少价格上的水分。我最近通过一位画廊经营者买了一幅画。在我去画廊之前他告诉我说："别忘了要折扣。画廊可能会给你 5% 的折扣，但如果你提我，他们会给你 10% 的折扣。"对我而言，这种"平地起飞"带着水分的价格会扭曲服务和产品的完整性。

与客户建立关系的一个重要原因，就是能降低价格在销售过程中起到的作用。在你与客户建立了联系后，他们对于价格的敏感程度往往会下降。他们会意识到，他们获得的是一种超越产品和服务的体验，他们购买的是一种价值，而不仅仅是商品本身。

而且人们不喜欢和朋友讨价还价。因此，一旦销售员与客户建立了朋友的关系，客户就不大愿意再为价格起什么争执了。有些客户曾坚定地执着于讨价还价，而一旦他们沉浸在我们的文化中，并和销售员成为朋友，就再也不会与我们讨价还价了。

要记住，最重要的一点是永远不要羞于说出产品的价格。如果你对定价感到尴尬，甚至表现得自己都不愿意用这个价格购买一样，客户也会受到你的影响。

如何巧妙地请求结单

随着销售逐步推进，客户可能会说"我喜欢这件产品"，或者一些其他的购买信号，这表明客户已经处于"购买"情绪中了。他们已经做好了买东西的准备，不管是咖啡机，还是蓝白色礼服，这时候就是我们所说的，销售员"结单"的时候。

当顾客试穿了外套，对着镜子左看右看后，微笑或点头表示了感谢，这就是时机成熟的时候。

对于男性客户来说，建议对方在试穿西装时搭配裤子是完成销售的好方法。如前文所述，经验表明，一旦男人愿意试穿裤子，那么购买西装几乎是板上钉钉的事儿了。

各行各业都有一种甄别客户行为的方式，总体来说，一旦客户通过某种方式对产品表示了欣赏，距离结单也就不远了。在汽车行业，通常是客户坐到汽车里，不愿意下来；在平板电脑销售中，通常是客户开始检查平板电脑上的图片质量，或通过设备来浏览互联网。

对我们来说，就是客户站在三向镜前观察自己。三向镜的设计初衷，是当客户以特定角度直视前方时，也能看清身上西装或礼服的正面和背面，比如，绅士们最关心的位置是肩膀、腋下和小腿上布料的紧绷感，因此三向镜能发挥重要作用。

不同的销售员在"结单"时会有自己专属的结语。

我们出色的销售员戴维·林恩（David Lynn）喜欢说："我们能决定了吗？""您看呢？"或"就它了！""您感觉如何？"是个柔和的问题，却能轻松化解"结单"这个难题。类似问题还有"如果您觉得不错，需要我帮您试穿一下吗？"等。这些柔和的问题有助于化解"结单"的尴尬。

而其他的行业也有自己的办法。比如在汽车行业中,销售员可以问:"您需要办购车贷款吗?"

乔治华盛顿大学的史蒂夫·特拉赫腾贝格曾对我说,当他向募捐人索要捐款时,会说:"需要我帮助您确定金额吗?"

还需要格外留心的是,不要在客户结账时说什么冒昧的话。假设销售即将完成,但客户仍在检查产品,还未明确提到自己即将购买的时候,千万不要说"好的,那我帮您把它包起来"之类的话,否则就会违反购买的基本原则。

根据我的经验,最流畅的结束语就是,"您如果喜欢,就应该买下来。"仅此而已。如果客户还需要对衣服做出什么调整,就说:"我会给裁缝打电话,让他给您做些修整。"

如果你有合适的裁缝人选,就直接报他的名字,因为这样可以保持关系的个性化,比如"我现在就给安托尼洛(Antonello)打电话"。裁缝过来后,就要向新客户介绍他,比如:"安托尼洛是店里最有经验的裁缝之一,他已经在这里工作了 30 多年。"

顺便说一句,在结单的关键时刻,团队所有成员必须保持同步。一个人的一次疏漏会迅速摧垮整笔交易。如果没有不得已而为之的理由,永远不要采取任何不合适的举动,千万不要行差踏错。结单肯定是一门艺术,关键在于不能强迫客户说"是":不要施加压力,让客户自行做出决定。

一位保险推销大师曾告诉我,要巧妙利用好"无声时间"。他的经验是，在做完演讲展示、罗列了各种选择和价格之后，就一定要闭上嘴。他发现许多同事为了搞清楚客户最后的态度，确保他们能在合同上签名，总是喋喋不休地继续讲话。这种做法会让客户产生警惕，所以他聪明地选择了什么都不说。

他说"无声时间"总是很难熬。销售员是天生的社交达人，但在这段时间内却什么都不能说，只能沉默地坐在那儿，看着报纸，心中默默记着数。他很想说话，但还是憋住了，他觉得这是一场博弈，如果自己先讲了话，就输了。大多数情况下，他都会坚持这种的做法，客户对此感觉很好，因为他们感受不到任何压力。

"无声时间"对任何行业的销售来说都是个好方法，当客户有明显的购买意愿时，销售员就应该使用这个方法。

不过，在这段安静的时间里，你虽然闭上了嘴，却不要只是站在那里死盯着客户。当然，在结单的时候，一定要诚恳地看着客户的双眼，但如果客户需要一两分钟来思考，你就不要紧盯着对方。一些研究甚至表明，紧盯着客户的销售员反而阻碍了销售的进行。

给客户一些空间，他们会自己慢慢想通的。

在客户进入"购买"情绪后，至少敲定一笔生意

一旦客户进入"购买"情绪，就要至少敲定一笔生意。如果你在客户做出决定之前左右言他，客户就会分心，甚至放弃购买。

他们会从购买情绪中脱离出来，那之前所做的一切就都成了徒劳。

毫无疑问，最好的销售方式是在一笔买卖上锦上添花，这一点我会在后文中说明。但除非客户明确表示自己会购买这条连衣裙、这台蓝光播放器或搅拌器，否则你多说一句话都有可能适得其反。

最重要的是，要确保客户的第一需要得到满足，这样才能让客户顺利进入"购买"的情绪。有些客户的确会快速走完选购到结单的全流程，但让大多数人做出购买决定却相当具有挑战性。销售员收到的最常见的回答就是，"我需要考虑一下"。

我的侄子斯科特·米切尔在理查兹店铺负责珠宝和女装业务，他对待这种情况颇有心得，他只需要问客户一个问题："困扰您的问题是什么？"这个发问具有一点侵略性，但又不会显得过于激进。这是一个逻辑问题，通常可以快速解决客户的疑惑。

如果客户回答"好吧，就是有点贵"，那么他们可能是期待着我们会给些折扣。另外就是他们确实觉得贵，如果是这种情况，你需要回答的是："我们还有一些价格更低的类似产品。"

斯科特的观点是，客户进入了店铺，就进入了"购买"的情绪，只要客户在考虑购买，就不要轻易放过他们。

有时候"我需要考虑一下"只是一种委婉的拒绝语，毕竟客户也不想让销售员太失望。如果是这种情况，你就需要向客户传达一种"即便现在不想买也没有关系"的态度。但你需要确定的是客户究竟是不是这个意思，如果客户确实想要拒绝，就不要再继续浪费时间，而是要继续工作。所以一定要了解客户的"思维"，并尝试消除客户犹豫不决带来的负面影响。

假设某位顾客特别喜欢你推荐的衬衫或外套，你手上却并没有合适的尺寸，可能这笔生意就到此为止了，但你永远也不会知道这笔没完成的交易究竟能带来多大的损失。所以，你要做的是尽量向客户展示一些替代品，没准还能促成一笔交易的达成。如果一上来就遇到了这种问题，请确保你准备了计划 B、计划 C，甚至计划 D。

我们的鞋子销售专家黛比·特托罗（Debby Turtoro）曾对我说："假设顾客只准备挑选一双黑色软跟鞋，我也会随手多拿几双别的鞋来展示，比如一双更舒适的鞋子，或许还有一双性感的鞋，没准哪双客户就看上眼了，谁知道呢？总会有惊喜发生。"

一旦客户购买了第一件物品，无论是领带，还是短裤，都要先把这件商品放在一边，因为这只是开始，客户还会购买更多。

善于说"我需要帮助"的销售员总能达成交易

无论出于什么原因，如果你在结单时遇到了困难，都要向周围的同事发出求助信号。团结就是力量，这是非常重要的，也没有什么丢脸的。销售是一种团队工作，认识到这一点很关键。

我们也相当鼓励销售员互相求助。有时候我们得承认自己需要团队中其他人的帮助和建议来达成交易。我的父亲总是教育我们，要学会说"我需要你的帮助"，就是这么简单、直接、有一说一。比尔和我都很喜欢这样说，以此真诚地寻求别人的援手。"我需要你的帮助"，是销售中的一种重要手段，但其作用却被大大低估了。

你可以向一位品位出众的同事寻求帮助，或征求他的看法，不过你需要注意自己的措辞，比如你可以这样说："我了解你，米歇尔，你说话很严谨。如果你不觉得这件衣服好看，绝对不会盲目夸奖的。"

我将这种他人援助称作"祝福"。有时候，客户也会主动寻求"祝福"，通常他们会说："是的，我完全同意你的看法，不过让鲍勃也来'祝福'一下吧！"其实，他们相信接待自己的销售员的"祝福"，但仍需要另一位销售员的肯定来打消自己心中的顾虑。我们觉得这也没什么问题，我们喜欢提供"祝福"。

在某些情况下，你绝对会需要这种"二对一"的销售模式，由两位销售员形成一个销售团队，一起开单、一起结单。不光是销售员，裁缝、主管、领导层人员，甚至是客户，都能帮助两者很好地进行配合。我认为这才是一种成功的"销售组合"。

我们有一名经验丰富的销售员，他在职业生涯中卖过各种大大小小的东西，从男装到价值百万美元的通信计划，不一而足。他曾经告诉我说："很多销售员在销售过程中都是孤独的，换句话说，他们没有积极寻求来自其他销售员或经理的援助。原因可能有几点，其中之一就是'我可以自己做到这一切'的态度在作祟。他们要么是害怕'失去'客户，要么是不想将佣金的一部分分给别人。目光多短浅啊！"

几年前他在一个广告代理机构工作。他认识到，只要有和别人组队的机会，就别选择单打独斗。加入一个或多个由不同同事组成的临时"团队"，总会让工作事半功倍。

在零售行业中，这种团队导向的销售方式也同样适用。同事时机适当的一个评论往往能成为结单的关键，不仅如此，客户也喜欢获得额外的关注。

无论处于怎样的场景和环境，善于说"我需要帮助"的销售员总能达成交易。下面就是一个例子。

那天我正驱车前往皇后区，观看美国公开网球锦标赛。当时我距离赛场只有一步之遥，但找不到停车场。我的方向感并不好，还总是有充分的理由迟到，这是我一贯的问题了。我沿着路标向前开，突然眼前出现了一个路口，路标都不见了踪影，只有一大堆的方向供我选择。我怀着侥幸心理选了一个，果然走错了路。

这时我看到一名环卫车司机，想着他可能会认识路，于是我开口道，"我需要你的帮助"，并将自己的困境描述了出来。他给我指了方向，但我解释说自己方向感不好，如果他愿意带我过去，我很乐意提供一笔酬劳。他回答说："不，不，你什么都不用给，跟着我走吧。"

他将我送到了目的地，只是因为我对他说，我需要他的帮助。有些人总喜欢拐弯抹角地说话，这样永远也无法达到他的目的。

我们总是喜欢把客户介绍给我们的销售专家，比如鞋装部的布鲁斯或珠宝部的纳姬，和普通员工相比，他们更了解产品。一来二去，客户就对我们的团队有了更深的了解。

这样做有很多好处。我们进行的研究分析表明，如果客户能在一年内和四五位像布鲁斯或纳姬这样的领域专家型销售员频繁接触，他们就会更加忠诚于我们的店铺。这种买卖双方的深入了解会让客户感受到一种家庭的氛围。

不过凡事也有例外。在接受了销售团队的建议之后，照样有客户摇摆不定，迟迟做不出决策。这时你就可以说，"我会为您保留这件衣服，直到您下定决心为止。"这就意味着，你需要把这件商品为客户留存几天。

当然，服务这样的客户，你也要像对待购买了产品的顾客一样热情。要时刻保持乐观的心态，尝试询问客户再次联系的时间，或者通过其他方式了解客户何时再来。这也会成为你收集客户电话号码、电子邮件地址、家庭住址，甚至客户职业等信息的绝佳机会。和他们交换名片，并持续跟进。

如何打动客户实现连带销售

做成一单生意就是很好的销售实践，但如果能在此基础上乘胜追击，继续完成两三笔交易，就更完美了。55 年前，我第一次看到父亲成功做到了这一点，令我至今仍记忆犹新。而现在，它们每天都在我们的店铺中上演着。

这种锦上添花型销售的经典开端,就是一位沉浸在"购买"情绪中的顾客无法决定购买哪件商品。

举个例子,吉姆和他的妻子杰姬是我们的忠实客户,某天他们来为杰姬选购结婚周年纪念品,接待他们的是我们的珠宝专家纳姬。这对夫妇在两条珍珠项链之间摇摆不定,这两条项链使用了不同的珍珠,长度也不一样。

我溜达过来,听清了他们的谈话,显然,这两条项链他们都喜欢。我停下来,向他们做了"拥抱"问候,然后说道:"你们真的应该买下这些华丽的珍珠,两条都买下来。你们喜欢它们,正好又赶上周年纪念,放纵一把吧!"

"好主意!"吉姆说道。

"我也喜欢这个主意,杰克。"杰姬微笑着说。

就这样,客户开心、销售员如愿以偿、店铺经营者求仁得仁,这就是三赢!

有时客户还会在三件商品之间权衡。其实客户的想法和上面的示例中一样,只不过中意的产品从两个变成了三个。在和波特兰(Portland)的马里奥斯达成合作关系之前,我的妻子琳达曾在那里买过几件衬衫。后来有次我和她一起逛了店里的珠宝柜台。最后她看中了三款珠宝,造型都很简约,确实是琳达的风格。她盯着看了许久,最后我说:"要不三件都要?"

琳达说"好",我差点晕过去,平常她都很节俭,但没关系,我喜欢给她买她喜欢的东西，即便是三款都买也没什么。

这里的重点是，客户通常会全神贯注地试图从中意的商品中做出选择，而最后往往都会沮丧地离开。这种情况下客户经常告诉销售员自己会再回来，或者打电话，但一旦离开，他们就会摆脱"购买"情绪，最终选择什么都不买。因此，其实他们对购物的体验也不满意，如果销售员强烈建议三个都买，他们反而会感到很兴奋。

随后的几天内，琳达已经把这三款珠宝轮流佩戴了几遍，并微笑着享受珠宝带来的幸福感，我也是一个幸福的丈夫。

当你将交易扩大一倍甚至两倍的时候，大多数情形下你还能获得一位快乐的客户，而店铺所有者也能乐享其成，又是三赢！

很多销售员将客户进店后的第一笔交易办理完成后，就认为销售已经完成了。这是错误的，这仅仅是个开始。

平平无奇的一次小交易往往会带来惊人的后续：只是过来买双袜子的客户，离店的时候却带走了五套西装、一件燕尾服、一件上衣、七件衬衫、十五条领带、两件毛衣和几包手套；夫妇两人到电器商店打算买一台肉类温度计，却带走了冰箱、电炉、洗碗机、除湿机和爆米花机。

这些情况都不是天方夜谭。即便不是每笔交易都会有这样的神展开，但它发生的次数绝对比你想象的要多。我曾听说，一个人到汽车经销商那里买脚垫，最后却开着新车回了家。

我的朋友哈利·罗森（Harry Rosen）是一位加拿大商人。他曾告诉我说，一旦顾客购买了一件商品，他们就会想买更多，虽然不是绝对，但八九不离十。我就是这样的人。虽然我自认一点也不喜欢购物，但每次我去超市买鸡肉时都会四处乱逛，买一些其他我喜欢的东西，比如洋葱圈。其实我是有购买意愿的。

因此，你必须搭建销售场景，不断向客户展示为什么买一双麂皮鞋、一条新裤子或一件新毛衣是一种人生乐事。如果时机成熟，还可以带客户去逛逛珠宝。如果男性客户只在你手上买了西装，却没有买配套的衬衫和领带，你就不是个合格的销售员，因为当客户遍寻衣橱却找不到搭配西装的衬衫和领带的时候，他就会感到沮丧，甚至还会生你的气。

每次弗兰克·加拉吉向顾客出售西服或运动外套的时候，都会搭配两三件衬衫和两三条领带。"三"是一个美妙的数字，因为你希望客户至少"买两个"，"三"可以给他们舍弃的余地。当然，如果客户能把三个全都买下，那就再好不过了。

我们在帕洛阿尔托的女员工法兰，先后得到了大约 20 位客户的许可，获得了随意为他们搭配衬衫和衣服配饰的权利。她负责综合考量衬衫的每个细节，从线扣到袖口，再到口袋，最后做出选择。客户们都喜欢法兰的品位，而且法兰的选择都是为他们量身定做的，对客户来说，这就是一个充满惊喜的拥抱。

无论你从事哪个行业，搭配销售都至关重要。对于汽车销售行业，你需要准备好全球定位系统、特色脚垫、更好的音响系统；对于电视机经销行业，你需要准备好蓝光播放器和电视机支架；

对于宠物行业，则需要准备好食物、项圈、宠物服装和咀嚼玩具等。

对于新入行的销售员来说，这一步是很艰难的，毕竟对于销售员来说，谁都不想让自己看上去过于霸道和专断。

我们有一个很棒的顾客叫约翰，每次都是由杰夫·科扎克来接待他。约翰经常在我们理查兹店铺街对面干洗衬衫，他总会把车停在我们的停车场，然后到店里闲逛。我总是催促杰夫："约翰来了，给他看看最新的衣服和色板。约翰喜欢衣服。"

杰夫则会说："他的衣服比你想象得还要多。我之前已经卖给他不少了。他也不喜欢我每次都给他展示新衣服。"

我回答道："约翰来自加拿大，加拿大人通常比美国人时尚得多。再拿些新衣服给他看。"

不过，杰夫还是感觉不自在。有次杰夫正好在多伦多，他去了布洛尔街的哈利·罗森商店，与一位经理攀谈了一会。杰夫为约翰这个来自多伦多的大客户感到骄傲，经理则回答说："跟你说实话，约翰也是我们的重要客户。"他给杰夫看了计算机上的交易记录，发现约翰在哈利·罗森花的钱比在我们这里花的还要多。

杰夫回来后给我讲了这个故事，还对我说道："杰克，我学到了一些教训。"

从那时起，每次约翰来店后，杰夫都会举着新的色板、毛衣或西服迎上去。你猜怎么着？约翰从我们这里买的东西越来越多，买卖双方都很满意。

我还记得一位顾客曾开玩笑说，"我不爱逛街，也不爱围着灶台转，但我真的很喜欢衣服。"这种话在我们耳中就像仙乐一般动听，对于男性顾客来说，这可是非常罕见的。更令人难以置信的是，他总会购买相同的衬衫和领带搭配不同的夹克。原来他喜欢在衣橱中布置好成套的衣装，他很清楚如何搭配衣服，也不在乎多次购买相同的衣服，反正这样一来旅行的时候打包就变得更方便了。

有一次他到店买了一百多条领带，试问这世界上有谁会一次购买一百条领带呢？他就会。我们的销售员丽塔·罗曼为他进行集中展示时，他也只是简短地给出"可以""不可以""可以""不可以"这样的回答。几个小时后，他说道"我买完了"。

还有一位男士，对于喜欢的商品他都会买两到三件。这时我们就不得不说服销售员卖给他三双相同样式的翼纹鞋。

这位客户还跟我们分享了一个故事。有一次，他在买了一辆新车之后，又去经销商那里买了一辆高配的黑色轿车。随后，他又向妻子提出了建议，并给妻子又购买了一辆，他还为销售员没有提出这个建议而感到遗憾和沮丧，于是他坐上汽车去了另一家经销商店，给女儿也买了一辆。听过这个故事之后，我们鞋装部的同事对顾客的重复订单再也没有提出过任何异议。

还有另一个小窍门：只要客户满意，任何东西都能出售。在我们的店铺中，我们也有专门用来"试穿"的鞋子。在试穿裤子的时候，原本穿着靴子或运动鞋到店的顾客可以穿着这些鞋子来观察裤子的长度。而碰巧我又是个对鞋子要求很苛刻的人，因此我会把有划痕的鞋子放在试穿区，尽管如此，这些鞋子看上去依旧非常体面。

在鲍勃年轻的时候，每逢特惠期我们几乎能把店里所有的东西都卖光。鲍勃做得更绝，他以每双 25 美元的价格把 10 双试穿鞋卖出了 8 双。既然有人买，那为什么不卖呢？顾客获得了一笔不错的交易，店铺也增加了一些销售额。

重要的是，你需要在强买强卖和赔本销售之间取得一个平衡。既让客户有意购买，又能保证卖出的产品数量。

我总是对销售员们说，要坚持向客户展示产品，直到客户说"够了，我不看了"为止。

但也要记住，有时客户并不会明确表现出自己能够接纳的极限，而敏锐的销售员必须能准确感受出客户在何时到达极限。一般客户到达极限时，会有一些明显的表现：他们不再专心、眼神四处徘徊、行动变得缓慢、从试衣间出来后不再向你展示着装效果等。我的父亲总是说，当客户"没油"的时候，火候就差不多了。

一旦你发现顾客"筋疲力尽"了，就可以说："非常感谢，伦纳德。你会满意这些选择的。"或者，如果你怀疑客户的"汽油"还有几滴余量，就说："关于特别适合你的衬衫，我手上还有一件。"

这就是我的"还有一件"准则。优秀的销售员总能再找出一件"特别适合"客户的存货。它的价格不一定要高，质量也不一定要是最好，但一定要抛出这个"特别适合的一件"，至少能为客户的下次造访做准备。当然也要贴心地为客户准备些小礼物，作为告别时的"拥抱"。如果是冬天，就准备一杯热咖啡，如果是夏天，就准备一瓶冰水。

要超越客户期待，但不要过度承诺

你会发现，在某些销售中，销售员向客户承诺了一个世界，但只提供了一个小镇，其实他们从一开始就不该给出一些不可能的承诺。许多销售员对交易无比渴求，为了虚张声势，他们往往会做出虚假的承诺，这会让客户感到混乱。

我的建议就是，千万别这么干。商界有一句古老的箴言：说话别太满，但事要做全。虽然这句话众所周知，但做到的却寥寥无几，可这却影响到顾客最后是否会感到满意。

在我们的店铺中，如果有什么商品缺了货，我们就必须加急订购，确定好何时才能到货。如果发现到货需要三天，那么对客户说"一周"应该是比较稳妥的，如果三天后我们通知到货了，客户也会觉得高兴，并认为我们确实重视了。

举个相反的例子。有时我去看医生，明明预约的时间是中午，却等到下午三点才见到医生，且检查的时间不会超过两分钟。等待两个小时，只为对话两分钟。有一天我甚至等了六个小时！我总是每隔半小时就向医生助理询问什么时候才能轮到自己，但从来不会得到任何反馈，只有对方懒散的耸肩。

如果反过来，医生事先通知我需要等待三个小时，而我只等了两个小时就见到了他，这样难道不会更好吗？

不久之前，在一次航班中，我们坐在飞机上等待机组人员。公告说，只要航空公司找到机组人员，我们就能立即出发。你能想象我们对等待了四个小时的顾客说，只要我们能找到裁缝，就可以帮客户做一身合适西装的场景吗？

要是这样的话，顾客早就走光了。

但也要注意，如果你总是无条件地提升标准，客户反而会将这种操作视为常态，他们就不会再为你的努力感到惊讶和激动了。你需要做的不是养刁顾客的胃口，而是偶尔稍稍提升一下客户期待。比方说你每次都能提前一天交付商品，现在就可以时不时地尝试一下提前两天。

当然，这种做法也存在一些限制，毕竟很多时候我们也无法预料到中间会出现哪些问题影响交付。不过，只要你能多次做到为客户提前交付，就足以在众多商家中脱颖而出了。

用"想象"做好预演，从头到尾，事无巨细

"想象"是我最喜欢的销售方法之一。我所说的"想象"指的是需要在销售发生之前进行模拟，不管是学习销售的新手，还是难以完成结单的老手，都能从这个方法中获益。

长期以来"想象"一直是许多运动项目中运动员备赛的重要

方法, 网球运动员、高尔夫选手、雪橇选手等, 都会使用这个方法。他们不仅要想象参加比赛的场景, 还需要想象听到声音, 甚至嗅到了各种气味, 比方说要想象比赛中人声鼎沸的赛场、高尔夫大师赛中草地和山茱萸的气味, 甚至是在得胜之后接受媒体采访的场景等。

有些运动员会将"想象脚本"录入播放器, 然后在闭目放松的时候进行播放, 想象那种身临其境的感觉。

著名的海军示范中队"蓝色天使"的成员在每次表演前通常都要"试飞"三次。每一位飞行员都要坐在桌子旁, 闭上眼睛, 在脑海中走一遍飞行的全流程, 从飞机的轮子缓缓转动开始, 到飞机再次回到地面上停住。完成之后, 飞行员才能进行实际表演。

在完成飞行后, 他们会聚在一起讨论整场表演。如果飞行员有任何偏离完美之处, 都会向整个团队指出, 他不仅要让团队知道自己犯下的错误, 还要让其他人也清楚各自的错误。飞行员会做出承诺:"我会解决自己的问题, 以后不会再发生。""蓝色天使"的每一位成员在每次演出和练习的时候, 都会走完这一整套程序。

优秀的销售员也会用同样的方式做好预演, 在开车或搭车上班的途中, 或者在前一天晚上入睡之前, 他们都会琢磨着如何完成一笔大订单。从头到尾, 深入考量, 事无巨细, 不留死角。

想象一下, 如何用坚定的握手和灿烂的笑容向客户打招呼; 如何去"探测"顾客的信息; 想象一下, 为顾客推荐哪件外套, 以及它的颜色和大小, 销售汽车、电视机、显微镜等都可参考此法。

记住想象销售过程时，还要在背景中加上更衣区的喧嚣和顾客交谈的声音。

尽量真实，沉浸其中。想象一下，当顾客打喷嚏的时候，你要礼貌询问对方是否需要纸巾；想象一下，同事带了咸牛肉三明治做午餐，你能清晰地闻到味道；想象一下，客户在试衣镜前审视时可能会说："我不确定自己穿这个是否合适"，然后你回答："要是您觉得不合适，我可以再为您找一件"，直到听到客户说，"好，我要这件"。体会那种内在的、温暖而奇妙的感觉。

要记住，将"想象"视作一种游戏，而不是战斗。在销售中，获得合意的结果固然重要，但这不是什么生死攸关的大事，我们培养的是销售员，而不是战士。

我们可以设计不同的场景以供想象，你可以不断尝试新场景，也可以重复喜欢的场景，但它们都应该走向一个相同的结果，即客户在你的帮助下找到了想要的商品，并打算购买。

还有一点相当重要。我常听到这样一句话，"如果你不知道自己为什么要来这里，还不如留在车里。"每次跟客户进行互动，尤其是去拜访客户的时候，请搞清楚自己前往那里的原因。

模拟对话的场景是要搞清楚对话的内容，以及与客户讨论的方式。你甚至可以写下对话的过程，为可能遇到的问题做好准备，并在会见客户之前自己预演。

另外，无论是在"想象"的过程中还是在现实生活中，都要始终做好结单的准备。

我的朋友史蒂夫曾给我讲过一个他小时候的经历。当时他和父亲是第一次乘坐飞机，飞行途中，父亲和空姐攀谈了起来。突然间，他的父亲从公文包中掏出一份人寿保险申请表，并在一万米的高空中向空姐出售了一份价值两万五千美元的人寿保单。他转头对史蒂夫说，"儿子，这就是为什么我总是随身带着申请表和一支笔。你永远不知道下一笔交易机会出现在什么时候，因此要时刻做好准备。"这对任何行业的销售员来说都是一个很好的建议。

截至目前，我们的销售流程还没有走完。

接下来，我们将进入第五阶段，吻别。

◎ 一旦完成了全部的演示，就不要再说废话，就算有话也
要等到结单之后再说。

◎ 要意识到什么时候应该结单，然后迅速结单。

◎ 在销售时永不说"不"，既不要说，也不要在意。

◎ 尽量使用简单且不带偏见的语句来请求订单，比如："如
果您喜欢，为什么不出手呢？"

◎ 先把最初的交易结单。小小的一步会带来意想不到的变
化，产生更大的销售乐趣。

◎ 必要时，帮助他人结单，客户在和多个销售员打交道后，
会变得更加忠诚。

◎ 完成一笔交易后乘胜追击，将生意扩大一倍或两倍。

◎ 在客户说"够了"之前持续促销，要记住，大多数人都
不满足于只购买一件商品。

◎ 说话别说太满，但事要做全，尤其是对于回头客。

◎ "想象"整个销售过程，要挖掘到最小的细节，这有助于
交易的达成。

第 **7** 章

阶段 5：吻别

　　我的一个朋友给我讲了一个荒谬可笑的真实故事。有次他在一家颇为著名的商店中购物，销售员很友善，不光了解产品，也帮了他不少忙，他还很风趣，讲了许多有趣的奇闻逸事，对待客户也有礼有节。从任何意义上说，买卖双方都很合拍。

　　但在交易完成的那一刻，就是字面意义上的那一瞬间，销售员立刻查看了自己的手表，说道："对不起，我得走了。这次销售的时间比我想得要长，而且现在已经过了我的午餐时间，我快饿死了，我感觉自己能吃下一头牛。"这些粗鲁的告别话音还未落，他就猛冲了出去，只留下一地灰尘打着转。

　　这位销售员毁了多少笔交易？不是当前这笔，这笔已经完结了，但是之后所有的销售机会都没了。我的朋友无意再次拜访他，他觉得自己被冷落了，我敢说，他还觉得自己被利用了。

　　这可不是什么美妙的感觉。

　　这就是我为什么总是说，"千万别变成魔术师"。不是我对魔术师有什么成见。我从小就喜欢魔术师，直到如今我仍喜欢他们的出色表演。我的意思是，在完成一笔交易后，你不能像魔术师一样消失不见，就像从未出现过一样。你已经完成了一笔交易，它包含了多个阶段，它的成功基于你的耐心经营，但这是否意味着你的工作已经完成，你可以跳下舞台，从一片浓烟中消失？不，绝对不行！

在结单之后，你不能只是指给客户最近的收银台，然后就丢下他再去寻找下一个目标，或者去吃午餐、刷视频。销售仍在继续，直到客户离开，甚至更久之后才能告一段落。

销售过程永远不会停止，不会结束，永远不会，这是一项持续的活动。完成当前交易之后，我们还有工作需要完成，也就是我说的"吻别"。这样做的目的是让你和客户好好地告个别。但是，你如果忽略了这个阶段，就有和客户永远道别的风险。

我之前谈到过第一印象的重要性。其实最后的印象也很重要，非常重要！

结账也要个性化

首先，在交易完成后，你应该亲自将客户带到结账区结账。在这里我有一个有用的小提示：你要尝试着和客户并肩走，而不是走在前面，否则会让客户感觉你的控制欲过强，或者你在主导他。

在去往结账区的途中，你需要和顾客商讨交货的问题。需要讨论的问题很多，例如：将产品交付到客户的家中，还是其他寄送地点；如果客户需要更换，你还需要说明他何时才能收到更换的服装，如果你在保险行业，可能客户会问什么时候才能收到保单；客户是否需要在明天的特殊活动中穿这些服装？还是在三天之后，或是在一周之后？找到这些问题的答案。

当然，你还需要了解客户购买的产品是不是送给某人的生日或周年纪念日礼物，需不需要包起来。

如果你还没有递出自己的名片，就要在到达服务台之前完成，而且十有八九客户也会把自己的名片递出来，这个行为对未来的销售非常重要。

还有一个通过"拥抱"让客户产生特别体验的方式，在途中，你可以对客户说："衣服会由安托尼洛在下周四之前改好，到时候我也会到场，亲自确认您对衣服的效果是否满意。"

结账区侧重于收集数据、正确处理销售、获得正确的扣费账户和使用信用卡，是一块非常重要的区域。我们都去过各种商店、饭店、航空公司，也曾排过无数次队。一旦决定购买，哪怕是已经退休，百无聊赖的顾客也希望能迅速结好账。结账的顺利与否不仅会反映在顾客对商店的印象上，也会对销售员造成影响。

因此，销售员需要向客户服务人员，也就是收银员进行热情洋溢，充满个性化的"移交"手续。

如果你是首次接触该顾客，那就更要认真对待，要向他展示出你究竟有多出色。如果前期工作顺利，你应该已经获得了顾客的姓名，但是在很多一气呵成的快速销售中，可能你还没来得及获取到客户的姓名，这时候你就要进行自我介绍："我是吉姆·弗罗斯特（Jim Frost），您的客户主管是特蕾莎·冈萨雷斯（Teresa Gonzales），稍后她会致电联系您。您的姓名是？"

交换姓名是与客户建立联系和重新联系的重要方法。记住，人们都喜欢被人叫名字。

帮助收银员拿到客户姓名有两个原因。

首先，对于回头客来说，这有助于客户服务人员查询客户的资料。其次，这也是在销售中展现热情的一种方式。在很多地方，客户在结账时面临的第一个问题是："您要如何付款？"这不是个热情的问题，甚至已经冷酷到底。

如果客户是带着配偶或亲属来的，也要一起做好介绍。比如，我们的销售员会在客户服务台对收银人员说："特蕾莎，你来见见克里斯的儿子康纳。"

我们不仅希望销售员能记住客户的名字并热情地打招呼，反过来也一样，这样，买卖双方才能在销售过程中打成一片。

收银人员还应该聆听销售员和顾客之间的对话，然后就可以把听到的信息加到客户资料中，你收集到的任何信息都可以添加进去。

如果我们的收银人员确实喜欢顾客所选购的商品，也会由衷地发出赞美，比如："哇，杰克，这件衬衫和你的西装真的很搭。你肯定会喜欢它的。"

接下来，收银人员将在销售员的帮助下进行销售的最后阶段。收银人员要再次询问客户的信息，首先要询问的是姓名，而不是付款方式！你需要获得客户的全名和地址，没准还能更进一步，搞清楚客户的昵称、电子邮件地址和联系电话。

询问这些信息，就是在收集客户数据，而这是对客户有利的！在我们的系统中，收银人员如果发现客户的个人资料有所缺失，就会主动询问客户。比方说，如果没有列出生日，就可以直接询问，当客户追问原因的时候，你可以解释说："因为我们有时会举办特别活动，会在您生日和周年纪念日时发送电子邮件。"如果你发现客户生日是昨天或者上周，就说一句："送您一个迟来的祝福。"

销售员有着很高的自由度，他们可以忠于自己，并尽其所能去取悦客户。当客户量身定制或专门订购特定的商品时，我们鼓励销售员与客户这样沟通："我们会为您订购，因为我们相信您会准时过来提货付款。这对您来说是最完美的选择。"

"衬衫大师"保罗·门德尔松（Paul Mendelsohn）在退休之前曾和我共事了 28 年。他曾经向我传授过一个关于销售的经验，假设客户准备购买一件大衣，保罗绝不会催促客户。客户总是会问："难道你不希望我买下这件大衣吗？"

保罗则会回答说："当你爱上这件大衣，觉得它完美无缺的时候，就可以付款了，对我们来说，您的握手就足以作为保证金了。"

这就是保罗拥抱客户的方式。

送别客户时需要注意哪些细节

在整个销售过程中，销售员应尽可能地与客户待在一起，并在时间允许的前提下，通过各种问题来探寻以完善客户的个人资料。

当客人离店，且暂时没有其他客户需要服务时，销售员应迅速连接计算机终端，将新获取的资料添加到客户的个人信息之中，即便是微小的事项也不能遗漏，例如，客户的女儿名字叫萨姆、狗狗的名字叫马菲、只在工作时间接电话等。销售员应时刻做好书面记录，以便在客户下次到访时做出推荐。

在销售过程中，销售员应随时准备为离店的客户提供水或饮料。正如我们在销售流程的第一阶段强调的那样，在客户到店时就提供一些饮品，并注意随时为客户续杯。有时候，续杯的行为和为客户准备饮料同样重要，甚至更为重要。

曾有人做过一项极具启发性的研究，研究内容为餐厅侍者提供的薄荷糖对小费金额是否有影响。研究测试了多种场景，分别是没有薄荷糖、有一颗薄荷糖和有两颗薄荷糖。当侍者端上薄荷糖之后，小费金额出现了明显提高，当侍者先提供了两颗薄荷糖，随后又再次归来询问是否还需要两颗的时候，小费金额的增幅最高。这种持续跟进的行为似乎真的能获取客户更多的回应。

在客户离店前，我们的销售员会礼貌地询问顾客是否需要使用洗手间。我们的洗手间非常干净，装饰得也很别致，这一点我们也非常自豪。我们甚至还因为拥有着韦斯特波特最好的洗手间而获过奖。记住，不要只是给顾客指明方向，而是要将客户带到洗手间，这也是销售流程的重要一环。

我还要强调一点，速度也是非常重要的。大多数顾客都喜欢闲谈、聆听、了解服装的情况，并在销售的早期阶段就开始试穿。可一旦他们做好决定，就会从"购买"情绪中脱离出来，这时他们的脑海中就会浮现出其他待办事务，想要尽快结账离店。

因此，这时你要做的就是高效完成结单的手续，减少对话，无须闲聊，把手续完成就可以了。

如何获得再次联系的机会

在这种高效的结单流程中，销售员应始终让客户知道，自己会通过电话、电子邮件或短信及时跟进，并期待获得反馈。你可以这样向客户说明以获得再次联系的机会：

"服装改完后，我会再次给您致电，并且会现场确认您对衣服的满意程度。"

"如果 POLO 衫和裙子有上新，我可以给您致电吗？"

"我想要确保您对我们的服务完全满意，所以我会在后期给您致电，您看可以吗？"

　　你要以一种轻松、随意的方式来获得客户的许可，并表明你对客户及其需求非常关心，这可以加强你的人际关系。试着以一种能让客户回答"当然，我很想听到你的消息"的问题请求许可，然后你可以问："您方便通过手机接听来电还是办公室电话？"根据我的个人经验，最好是通过办公电话来联系。

　　对此，你还可以抛出一个简单的问题："那么在工作时间内，我和您的助手取得联系的最佳时间是什么时候呢？"最后，你要准时给客户的助理打电话，确保言出必行。

　　我发现，在销售员征询顾客的许可时，通常他们都会答应，因为他们实际上并没有指望你会联系他们。你上次接到答谢电话或满意度调查电话是在什么时候？汽车销售员或家电销售员会多久给你打一次电话？家具销售员呢？下水道服务人员呢？

　　我承认我们并不完美，但如果我们的销售员承诺会给你打电话，他们就真的会打，因为这是出于个人的联系。**在获得了再次联系的机会后，你应该保持微笑，这样客户也会对你报以微笑。你会因此结交一个新朋友，而他也会成为你的终身客户。**

　　客户和销售员之间有五种交流方式，只要客户允许，你都可以使用。分别是：

1.当面交谈

2.电话（或进行视频聊天）

3.电子邮件／短信

4.手写便笺

5.打印便笺

销售员应该尝试着去确定客户更喜欢哪种交流方式。实际上，大部分顾客都青睐于前三种，但也不会拒绝偶尔获得的手写便笺，或带有个性化祝福语和真实墨水笔签名的打印便笺。

如果客户对交流方式没有偏好，我建议你使用电话，因为这种互动方式更直接，也更及时。如果你获得了客户的联系电话，就意味着他赋予了你在适当的时候打电话联系的权利。不要只关注你自己喜欢那种联系方式，要优先考虑客户的喜好。

我的儿子拉斯最近说道："只要想想电话和电子邮件发明的先后顺序就知道，大家都喜欢打电话。能听到对方的声音，会令双方都兴奋起来，这是一种实时的双向交流！"

然而如今越来越多的客户，尤其是年轻客户，他们更倾向于使用电子邮件或短信联系。随他吧，反正你要做客户喜欢的事情。不过，你如果通过电子邮件或短信进行通信，那么必须尽快回复，当然，回电也是如此，除非你被真正重要的事情绊住了手脚，否则最好能在一个小时之内完成回复。

联系客户的频率，则完全取决于销售员自己。但要保证良好的即时反应，在客户有需求的时候尽快联系，这一点非常重要。

乔·德斯特是我们在加利福尼亚州分店的杰出销售员，他有一个良好的习惯，就是在每次销售完成后的 20 分钟内给客户打电话。并不是每位销售员都会这样做，但显然他认为这很有必要。他打这些电话时从来不进行深入交谈，也不会说什么"谢谢您购买了这件衬衫"之类的话。他只会说些类似这样的话："嗨，查理，我是威尔克斯服装店的乔·德斯特，很高兴今天能与您合作，能听到有关您孩子的故事真是太好了。"乔·德斯特会把这种联系变得极为个性化，这对他来说是一种自然而然的反应。

我曾听见顾客对乔开玩笑说："天哪，我就知道乔会打电话给我。我从来不会接这种电话，但是我爱乔，我喜欢和他聊天，因为我知道他在乎我和我的家人。"没错，乔确实在乎。

异曲同工的做法还有很多，比如，我们店的法兰会把你送到车上，而雪莉会在她特制的便笺上手写下自己的谢意。

三次神奇体验，打造"超级客户"

要让顾客在整个销售过程中感到愉快，最后再以一种真正积极的方式结束交易，尤其是在顾客最初几次光顾时。毫无疑问，客户也会造访其他商店，在另一个喜欢的地方购物，或者和其他理财经理一起投资，这些都是很正常的事情，但你绝对不想失去这些客户。相反，你的愿景就是说服客户带你一起开展业务。

在顾客初次造访时，你的工作重点就是培养关系，但初次见面就能与顾客成为朋友的情况并不常见，虽然也有"一见钟情"的特例，但真正的信任与尊重需要几次的见面和沟通才能生根发芽。

我的建议是，至少要让顾客经历三次精彩的购物体验，从初感惊艳，到再次惊奇，到三度震撼，这样才能彻底打破顾客在其他商店养成的购物习惯，并与你的商店建立起持久的纽带关系，而这种纽带关系往往能持续终身，甚至能成为一种友谊。

至于这个"神奇的第三次"规则是否成立，抱歉我无法做出任何证明。但这是我根据自身的经验，也就是对从事实际销售的人员进行调查得出的。此外，我们也曾聘请过外部的专家小组做过一些分析，他们的调查结果也显示客户往往会在我们的店铺中遇到性格随和，富有爱心的销售员，经过三次拜访后，他们会完全沦陷在我们的服务中。他们会成为忠实客户，而且往往会下大订单，我们内部将他们称之为"超级客户"。

这种情况偶尔也会在客户首次造访时发生，有时会在客户多次造访后才能发生。但对于大多数客户而言，"神奇的第三次"规则确实是成立的。

当这个"神奇的时刻"发生时，整个销售模式都会随之改变。普通顾客成为"超级客户"后会购买更多的商品，对销售员的数量需求也会减少。对企业而言，这就意味着更少的人力和费用支出，不过也要给杰出的销售员开出更高的薪水。我们往往将这种方式称为"多费少佣"。

我们还从这些调查中察觉到了一些新规律，那就是帮助顾客的人员越多，店铺和顾客之间的关系也就越牢固。换句话说，如果在金杰为顾客提供服务的同时，销售员诺伯托和萨拉也时不时地参与其中，客户就会对三者都产生深刻的印象，还有为他妻子服务的裁缝图里奥和珠宝专家纳姬，也会给客户留下印象，这种感觉就像你在造访邻居和朋友的时候顺带记住了他们的家人。

最初的这三次造访对买卖双方关系的建立与巩固至关重要，因此即便你在一开始就遇到了棘手的客户，也不要轻易放弃。因为每位销售员都会遇到棘手的客户。

某个周六，我们的一位销售员敦促我去拜访一位新客户，于是我便去施展我的问候"魔法"。我们礼貌地交谈，但很明显，他拒绝共享任何个人信息，我可能要用上撬棍和炸药才能撬开他的嘴。这时候，我选择了退一步，没有强求。

后来销售员告诉我，这位客户是"慢热型选手"，需要我们付出持续的努力，于是我用谷歌搜索了他的信息，这位客户竟然是康涅狄格州最富有的企业高管之一！

难以取悦的客户一定是存在的。有些企业的销售员会意气用事，选择将这样的客户拉黑，但我们的销售员却非常享受来自棘手客户的挑战。他们只需要找准客户的痛点，相信我，每位客户都有痛点。正如巴塞罗那的圣欧拉利娅（Santa Eulalia）服装店经理约瑟·路易斯·里奥斯（Jose Luis Rios）曾对我说的那样："没有棘手的客户，只有经验不足的销售员。"

在我整个销售生涯中，我只丢掉了三个客户，他们要么喝醉了，要么有明显的毒品滥用问题，口头上还都骂骂咧咧。作为店铺的老板之一，我劝说他们："请您不要闹了，这不是在家里，是在我们的商店。这里没法接受您这样的语言和行为，请离开。"

对付棘手客户的秘诀，是找准他们的痛点。明确他们的要求究竟是什么，是裤子开线了？衣领缩短了？还是付了现金却没有折扣？如果是最后这种情况，你可以通过提供替代服务来作为回应。你可以说："这套衣服我们无法提供折扣，因为我们为每位客户设置的价格都是一致的。但我注意到您喜欢我佩戴的这条领带，我可以作为礼物送给您。"

我们的店铺对所有销售员都怀有敬意，因此也会坚定地站在他们身后，支持他们不屈服于态度苛刻的顾客。有时，我们也会离开销售区，与意见分歧的买卖双方或裁缝交谈，看看是否能提出共赢的方案。

有天下午，我和我们极富经验的销售员朱迪·布鲁克斯（Judy Brooks）进行了一番交谈，讨论面对情绪低落的客户，应该采取哪些行动。她说："你需要找一些真实的理由离开一下，让顾客独处一会。比如，今天我们正在进行一场设计师特卖，你就可以告诉客户'今天正在进行一场设计师特卖，您可以先花几分钟随便看看，如果需要我，我就在附近。'然后过一会儿尝试重新接触客户。但一定要保持好距离。"

我问道："那你如何再次接触客户？"她说："态度一定要谨慎而恭敬。可以询问'您需要些什么？有没有看到喜欢的产品？您需要什么帮助吗？'"

你需要营造一个良好的氛围，可能现在笼罩在客户头上的乌云已经消散了，也可能还没有，不过都没关系，和客户礼貌地保持距离，维持谨慎和尊重的态度，客户就不会反感你的接触。

对所有客户一视同仁

客户与你一起合作的次数越多，对你的了解也就越多，你们的关系也就越深。正如我之前所说的，你们最终会成为朋友。

然而，销售中最棘手的问题在于，销售员对不同的客户群体有着不同的重视程度。尽管这在所有企业中都可以称得上是一种常态，但从长远来看，对大单客户毕恭毕敬，使小单客户陷入困境，这种做法始终是错误的。

在商业界有一个众所周知的规则，称为"二八原则"。它的官方名称是"帕累托原理"（Pareto principle），是以意大利经济学家维尔福雷多·帕累托（Wilfredo Pareto）的名字命名的。20 世纪初，帕累托发现花园 20% 的豌豆荚中产出了 80% 的豌豆，继而发现，意大利 20% 的人口却掌握着全国 80% 的土地。就此，他提出了帕累托原理。

随着时间的流逝，帕累托原理在商业界一次又一次地得到验证，20% 的客户能占据 80% 的销售额，我们店铺的情况就是如此，在上次统计中，20% 的客户产生了 83.3% 的销售额。

对于多数的企业领导者来说，将注意力更多地集中在产生销售份额最多的这两成客户身上，减少对其他八成客户的关注，这也算是一个明智的决定。其实这样做也是可以理解的，因为损失那两成客户中的任何一个都会产生巨大的影响。

我们也非常关注这 20% 的顶级客户。但我们和大多数企业的不同之处在于，我们也会以同样的努力和拥抱来对待其他 80% 的客户。我认为，销售员在接待任何客户时，都不应该有所保留，你需要拥抱 100% 的客户，而不是将客户划分出三六九等，而且，拥抱本身就是免费的，也不存在什么稀缺性！这才是对待客户的正确方法。

不久前，我们的一位新客户说，他很欣赏销售助理对待他的方式，让他感觉非常好，尽管自己只买了一件单品运动衫，还表示自己期待下一次的购物。

如果根据客户花费的金额做出细分，还谈何与客户建立亲密的关系？难道你要给每个人都准备不同的问候？向大单客户微笑，对小单客户颐指气使？对 20% 的顶级客户说："你好，前几天购买的床单用起来怎么样？"然后对其他 80% 的普通客户说："对，叫的就是你，你叫什么名字来着？"这不仅奇怪，还很丢人。

面对现实吧，人会往高处走。普通人在大学毕业后，会自然而然地成为那 80% 的普通客户。但在几年之后，经过几次晋升，他有可能就会变成那顶端的 20%。你觉得这些人会忘记自己在 80% 的类别中时受到的不平等对待吗？我深表怀疑。

而且，普通客户不会只和同阶层的人交往，顶级客户也不会把自己的交际范围限制在那人员较少的顶级行列中。我可以打赌，几乎每个普通客户都会认识那群顶级客户。

这位客户可能刚从大学毕业，但谁知道他的父母是不是拥有着自己的企业，他的叔叔阿姨呢？他最近应聘企业的老板呢？同事呢？如果你对小单顾客也能做到一视同仁，那么口口相传所形成的口碑反而有可能将那 20% 的顶级客户吸引到你的店铺中来。

我曾经听过一个故事。一位年轻人经常到一家商店购物，但每次都不会买太多，他大概几个月去一次，但每次都会被店员当成王子一般来对待。几年后，商店发现客流量突然大了起来，顾客不仅忠诚，交易额也很大。店铺经了解发现，这些顾客都是那位年轻人介绍来的。

后来他们才知道，年轻人是当地教堂合唱团的成员，他为这家店铺唱响了颂歌。

如何给客户留下良好的最后印象

在客户完成购买后，如果你身边还有其他顾客亟须接待，你就应该向客户致歉，并礼貌地道别。在这种情况下，你还需要感谢客户的慷慨，并表示期待下一次的会面，然后接着说："我会在两周之内给您打电话，听听您对产品的评价，您看可以吗？"

顾客出门时，即便是两手空空，经过的每一位工作人员也都应该向他们道别，感谢他们的光临。

如果没有其他客户等待，你就应该把客户送到门口，然后简单、礼貌的和客户"吻别"。如果是新客户，就说"非常感谢，遇到您真是我的荣幸"。如果是老客户，就说"期待下次的会面"。

比尔喜欢把顾客送回车上，并打开后备厢，将客户购买的商品放进去，然后和客户拥抱告别。他这样做是完全正确的，而且他做得也很到位。如果女性客户拿着很多购物袋，他就会亲自从顾客手中接过袋子，不方便的话他也会安排一位同事从顾客手中接过袋子，将她送回车上。我们两个都会把女性客户送到停车场或酒店，或者把商品直接运送到酒店。

一位从事私募股权业务的朋友曾告诉我，他在刚进入大型投资银行工作的时候得到过一些建议："有一天，大老板把我拉到一边对我说，'把这位绅士送到电梯门口。'等我回来之后，他问道'你从中学到了什么？'我当时很震惊。我不光更加了解了老板的为人，还感受到了他冰冷的工作态度背后的温情。从那天开始，我总是将客户送到电梯门口。"

这里的核心就是要通过多学习、多参与，以此给客户留下良好的最后印象。如果由于某些原因，客户对你的第一印象并不好，那么此时就是进行纠正的最佳时机。

简单的一句"谢谢"就拥有着无与伦比的巨大力量。有多少次你到餐厅或酒店消费，花了几百美元，甚至数千美元却听不到一声"谢谢"？更讽刺的是，你在第二天却会收到一封包含满意度调查的电子邮件。我的感觉就是，你在逗我吗？

我一直在向销售员强调，他们应该向顾客提供一个额外的

"拥抱"，从而使购物体验超出顾客每次购物时的期望。

只要意愿足够强烈，就至少能深入挖掘出一个和顾客相关的个人问题，比如，顾客近期参加了婚礼还是葬礼、他有没有双胞胎兄弟或姐妹、他喜欢什么体育运动、喜爱戏剧还是旅行，这都是"吻别"的一部分。如果你能将客户送上车，你就有可能看到儿童座椅或保险杠贴纸之类的物品，这能为你们下次对话提供契机。

不管你相信与否，这个方法的确能让客户产生非常美好的购物体验，并庆幸自己选择了你的店铺。当客户回到家后，他会感觉："这真是一次美妙的购物体验，我觉得我还会去的。"

如何赢得客户的真诚推荐

汤米的理发店从 1959 年开始营业，我们家族也是这一年开始创业的。这么多年以来，这家理发店一直在为我们服务，我的父亲是那里的常客，我也是。父亲在弥留之际，因身体虚弱无法去理发店的时候，汤米还亲自上门给父亲剪了头发。他是一位杰出的销售员，也是我们家的一位挚友。

一天早上，我在汤米那里简单地剪了个头发。在我和汤米探讨销售的心得时，他说："在我刚开业的时候，也就是你们的服装店刚开快一年的时候，当时你的父亲就是我们这里的常客了。我曾对你父亲说，'米切尔先生，我不太确定是否要在镇上开这家店'。他马上回应说'汤米，不用担心，我在这个镇上认识很多人，而且我可是出了名的大嘴巴。我会向大家宣传的。'"

父亲肯定兑现了他的诺言，只要是他坚信的事情，他就会不遗余力地去做。他所坚持的不光只有袜子和鞋子，还有做人的道理。只要他相信你，他就会把你推荐给他认识的所有人。

实际情况是，我们给汤米带来了许多客户，他也给我们介绍了数量庞大的顾客群。**"推荐"之上往往盖着个人认可的红章，它的功能非常强大。我始终相信，口碑就是最好的广告。**

这就要求我们得给他人留下良好的第一印象、中间印象和最后的印象。顾客会把自己的体验分享给朋友、同事、亲戚，甚至自己的按摩师，而这些人能决定销售员的生死存亡。

在销售过程中，一旦买卖双方成功建立了联系，且客户表示道："谢谢你萨拉，我很感激你。"这时出色的销售员就可以接着说："如果您对我的服务满意，您就可以把我推荐给你最好的朋友或同事，以便我们在理查兹分店的业务能发展壮大。"无论是在结账柜台，还是在停车场，帮客户把商品放入后备厢，并礼貌地请他为店铺做些宣传，都是和客户作别的好方法。

每当有新客户到店时，不要忘了咨询一下他们是如何发现这家店铺的。是在报纸上看到了广告？还是来自朋友的推荐？如果确实有推荐人，请询问推荐人的姓名并记录下来，然后在遇到他的时候当面表示感谢："谢谢您推荐雷伊到米切尔服装连锁店找我。"

最后，还要用一个个性化的善意信息来作为拥抱，比如："希望萨利的曲棍球比赛进展顺利"或"希望你在假期玩得开心。"

拥 抱 指 南

◎ 客户同意购买后，也不要轻易离开他们，要陪他们去结
　账，并把他们介绍给收银人员。

◎ 在征得同意后，可以通过致电或发送电子邮件的形式进
　行跟进。

◎ 以优质的服务对待所有人，不管是顶级客户还是普通
　客户。

◎ 将客户送出店门，帮助他们拎购物袋，并把他们送上车。

◎ 请求客户把店铺的个性化服务分享给朋友或业务伙伴，
　客户的推荐，就意味着新客户的到来。

第 **8** 章

额外阶段：多行一善

有一位负责出售毯子的销售员特别喜欢吃甜食，已经到了无可救药的地步。每当他完成一笔大订单后，他就会跑到最近的杂货店，买一大包奥利奥双层夹心饼干犒劳自己。这是他送给自己的小奖励。在吃饱喝足后，他就会向同事吹嘘，说总有一天自己要把另一家店铺的竞争对手搞趴下。

有一天老板找到他，问他是否还记得几个月前做成的一笔石灰色毛绒毯的买卖。老板认为这是一条新路线，想搞清楚这类生意是不是有潜力。于是老板向他问道："客人们喜欢吗？"

他说道："我不记得了，一旦地毯卖出去了，这件事儿就翻篇了。我根本想不起来顾客模样。我的座右铭是忘记过去，一往直前。"

这位爱吃饼干的销售员犯了个大错。**买卖双方之间最重要的互动，往往发生在交易结束，客户离店之后。因为这关系到客户是否会再次来访，更重要的是他们是否能发展为忠实客户。**

现在，我特别喜欢庆祝性的大型销售活动，尤其是面对新客户的大型销售活动，这不仅能提高销售团队的信心，还能让每个人都收获好评。

不过，一旦欢庆活动结束，也就是销售完成的那一刻，销售员就需要考虑后续的交易了。注意，我在这里说的不是考虑下一位顾客，而是后续的交易。

伟大的销售员总是能成功吸引顾客再次到店购买新物，因为他们清楚，向老客户兜售商品比开发新客户容易得多。这是一个很重要，且简单有效的概念，我们店铺的销售文化甚至都是建立在这个基础上的，将顾客转化为挚友，乃至终身的客户。

请记住，80% 的销售额来自 20% 的客户。因此，一旦客户离开商店，销售员就该计划如何将客户再次召回，来购买另一件夹克，或另一只股票、另一份保险。

正如我在上一个阶段所指出的那样，销售员需要给顾客致电，了解顾客对上次购买的衣服体验如何，或分享给客户即将上架的秋装系列，或提示顾客之前选购的衣服会在下周二的时候准备好，感谢科技的进步，我们现在有多种联系客户的方式可供选择。

由于能为客户带来享受，因此超过客户预期的额外"拥抱"能够培养客户的忠诚度，这个理论适用于百货零售、汽车经销、航空、餐饮等多个行业。

这样一来，顾客不仅能再次购买商品，而且更希望这些商品是从你的手中选购的。

正如我们的一位忠实客户告诉我的那样："当我在其他地方购

物会产生负罪感的时候，我就知道自己已经完全迷上你们的店了。"

有时候，客户还会特意到店来逛逛，只因为销售员是自己的朋友。曾经有一个顾客在高尔夫球场给弗兰克打电话，当时他正和两位球友一起打球，并希望弗兰克也能参与进来。但最终弗兰克没有去，因为他正在自己的第二故乡理查兹分店。

甚至还有一家人，把在我们商店选购时从橱窗里拍摄的照片选做了圣诞贺卡的封面，这又表示了什么？说明他们在这里的时候，感觉和在家没什么分别！

一旦客户离开商店，销售过程的最后一个额外阶段也就随之开始了。我们称之为多行一善，它可以召回更多的老客户。

多行一善的理念是："我们会给你带来完美的体验"。

在获得许可后，保持亲密联系

打电话，是最简单但效果最好的多行一善方式之一。正如我在上文中提到，乔·德斯特会在客户离店 20 分钟之内致电客户，其实，在任何假期，他都会给客户打电话。

有的客户在圣诞节时刚结束了礼物交换，电话就响起来了，一接听，果然是乔。他还会随机选择任意一天致电客户，只为了问客户一句："最近过得好吗？"

当然，乔有一个绝招，就是他总能搞到顾客的手机号码。他会用多种方式询问，比如："杰克，我可能会时不时地想要联系你，能给我你的手机号码吗？"每次他都能以友好、热情的态度做到了这一点，即便是首次到店的客户，也乐于把自己的联系方式透露给他。

获得许可，这才是重点。只要客户给了你他的手机号码，他就给了你随时拨打电话、发送短信的权利。

你上一次接到销售员祝你生日快乐，或关心你近况的电话，是什么时候？我敢打赌，你可能从未接到过。但如果你去了威尔克斯·巴什福德分店找乔买了些东西，你就肯定能接到。

从1992年开始，我们就一直在呼吁销售员与顾客保持电话联系，我们还为此引入了一套系统，限定条件就是当且仅当在获得客户允许后才能进行外呼。这就保证了客户不会接到未经授权，来路不明的联系电话。

在拨打电话的时候应保持亲切、私人且专业的态度，不应该只是单纯呈现希望客户再次造访的意愿。

实际上，第一通满意度调查电话往往是最容易的，大多数客户都喜欢这样的电话，例如："我只是打过来问一下，您是否满意这次的购物体验，以确保这身西装符合您参加特别会议（或参加婚礼、参加面试）的要求。"你只需要用友善的语气表现出你对此真的感兴趣。一旦拨打过几次，它就会成为你日常工作的一部分。

但在拨打电话之前，一定要做好功课，确定顾客偏好的称呼究竟是什么。其实我的名字叫约翰，但每个认识我的人都叫我杰克。如果我接到找约翰·米切尔的电话，我通常会直接挂掉，因为我清楚这个人并不认识我。每当我的助手接到找约翰的电话时，他通常会回答："杰克正在开会，我能问一下您致电的原因吗？"

有一次我问我们在亨廷顿分店最成功的销售员史蒂夫·科尔曼："你一天要拨打多少电话？"

他毫不犹豫地回答："大约 50 通。"

我说："哇，那太好了，但这要花多少时间？"

他回答："不到半个小时。"

我又问道："能打通的有多少？"

史蒂夫回答说："大概只有 15% 到 20%。当然，后期我会一遍又一遍地打，直到他们接通，愿意到店为止。"

我又问道："为了让他们再次到店，你有什么秘诀吗？"

史蒂夫说："我每次都会为通话做好准备，通常我会用一些比较个性化的开头，比如：'高尔夫球赛进展如何？我希望您穿了之前从我们这里买的新运动衫和卡其色裤子。'然后，我会找一个特定的项目或理由让他们再次到店，比方说：'我们刚进了一件新式的蓝色西装外套，在很多场合都适用，包括您即将参加的活动。'或'您上次看中的那条裤子现在降价了 25%。'虽然我会通过友好的语气告知他，但语速很紧迫。"

史蒂夫对这 50 通电话注入了热情，并做好了充分的准备。换句话说，他在通过情感维持紧密的联系。他不会无缘无故地拨打电话，这就是他的销售业绩首屈一指的原因。

在这个技术瞬息万变的世界里，销售员也必须不断拥抱这些变化。30多年来，电话一直都是帮助乔·德斯特和客户建立联系，并重获联系的最好工具，实际上，这也是他唯一用来和朋友联系的工具。然而，变化正在销售世界中发生，现在的客户更喜欢通过电子邮件或短信进行通信。

最初，乔有些抵触，他说："反正我不喜欢。"但是，乔也必须与时俱进，就像他在旧金山银行的最佳客户做出的转变一样，这位客户最初只穿正装，现在偶尔也会穿商务休闲装。

尼克·唐诺福利奥（ Nick Donofrio ）退休前是 IBM 的技术主管，现在是我们咨询委员会的一员。他在拜访我们的湾区分店时成了我们的客户。他经常给乔发邮件，也老是向我抱怨，要求乔必须学会使用电子邮件。有一天，太阳好像从西边出来了：乔竟然捧着一个平板电脑！他承认，他的妻子正在教他使用这些电子设备。现在，乔已经可以熟练地和客户交换电子邮件了，毫无滞碍。

当然，大多数客户仍然喜欢在乔的电话中听到他迷人的声音。

诺贝托·巴罗索（ Norberto Barroso ）经常和我们店里年轻的销售员，确切地说是 00 后的销售员，通过短信或电子邮件交流。甚至当顾客在停车场下车的时候，还在给诺贝托发短信和电子邮件。

与客户做好预约，能让你获得更多订单

做预约是一件大事，但很少引起销售员的注意。我总是说："到底谁更重要，是您的服装销售助理还是美发师？你会直接走进美

发店，要求美发师为你打理头发吗？不，美发师需要预约，然后为你量身定制发型。那为什么不向服装销售商、电器商、手机商、股票经纪人，或者你最喜欢的餐厅进行预约呢？"

我们的一位销售员曾在周六例行的全店会议上提到，为了做好预约，他至少要和客户联系三次。首先，给客户发送短信、电子邮件或直接打电话。然后，他会在安排好预约时间后的几天内持续跟进。最后，在约定的前一天，他会再次发送短信或电子邮件进行确认。我相信，这让他拿到了更多的订单。下面还有一段来自金杰的亲身经历，也说明了做好预约的重要性。

金杰给一位客户发了一张照片，并写道："感觉很适合你。来自金杰的温馨问候。"上面是一件蓝色的花呢连衣裙，她觉得这条裙子很适合这位客户。

客户回复道："我很喜欢，现在手头上有货吗？祝好。"

金杰回答："有的，你什么时候能来？"

客户："我这周在准备仪表级飞行员的考试。周二或周三休息。"

随后她们又做了一些交流，直到对方回复道："那我今天下午到。你们能不能帮我改几条灯芯绒的裤子。"

金杰回复道："当然。"

客户："我想告诉你我有多么幸运，你了解我说的'休闲而优雅'是什么意思。要是没有你，买衣服会变得很麻烦！"

最重要的是，不管通过什么渠道进行沟通，都应该始终将客户放在第一位，给予客户真诚的关怀。我们的一位客户分享了他的一段经历。最近他从纽约一家著名零售商那里收到了一封电子邮件，里面写道："朋友们，我们特卖活动将从星期二开始，降价幅度约为 60%。但我周二和周三不在，您可以选择今天或明天光临，或者到时找我们的值班经理，他会给我打电话。谢谢！"

收件人可以将这封信理解为：我只有在工作时间才到店，这样才能赚到佣金，我自己的事情要比你的计划更重要。反正我就是这么理解的。

在客户分享了这段经历的第二天，他和姐姐一起走进我们的商店，挑选了一件漂亮的夹克，他对我们说："我真的很喜欢你们。就是这么简单。"

拨打能够传递温暖的电话

我们不会拨打那种没有人情味的电话，它们已经脱离了我们企业文化，它们总会让我想起那些油腻、冒进、急于求成的销售。

我们的销售员从不给陌生人拨打电话，除非有人做出推荐，有些人认为这种电话还是不够"温暖"，但如果我是客户，能接到一个电话，并在电话中听到了，像"吉姆告诉我说，他最好的朋友和网球搭档的儿子需要一套婚礼礼服，我可能会帮上忙"之类的话，我可能会觉得很温暖。

没错，我们仍旧相信有人情味的电话能给人带来温暖。我们喜欢将欢迎礼盒和带有个人签名以及店铺资质的问候信发给新顾客，且只有在确保客户接受了我们的礼品，并主动提供了电话号码的前提下，我们才会跟进客户做后续的呼叫。有些客户确实会在造访时带来我们的资质证书，甚至在我们发出的几年之后，而且他们还记得我们当时送出的欢迎礼盒！

我们曾经总结过，假如一对夫妇中只有丈夫是我们的客户，如果我们能鼓励妻子一同到店购物，丈夫所购买的商品数量会增加很多倍。因此，销售员需要通过努力，将夫妻双方都吸收为我们的客户。如果一个家庭中已经有成员是我们的客户了，就要和他所有达到购物年龄的亲属都保持互动，不管是祖父母，还是叔叔阿姨，这就是典型的带着"人情味"的销售。

朱迪·布鲁克斯是我们最出色的女装销售员之一。有一次她正在接待一位新到店的女性客户，一切都进行得非常顺利。客户向朱迪表明，自己非常需要一橱柜新衣服，并且在这次购物中购买了许多商品。后来这位女士还邀请朱迪到自己家做了一次"衣橱清洁"，请朱迪为保留哪些衣服，舍弃哪些衣服提出建议。

在到达客户家中之后，朱迪看了一眼客户丈夫专用的衣橱。后来她对我说："她家里简直就是天堂，她的丈夫是一位高级主管，经常到境外出差，他的衣橱几乎是空的。"

于是，当这位新客户再次到店时，朱迪向她介绍了罗博·里奇（Rob Rich），一位冷静能干的销售助理。朱迪觉得罗博和这位顾客的性格相差不大，应该能和客户的丈夫相处甚欢。在圣诞节假期前夕，罗博为客户推荐了一些衣服，客户也买下了这些衣服作为给丈夫的圣诞礼物。她的丈夫很喜欢这些衣服，后来又过来选购了几套定制西装和正装衬衫。

这就是一种扩展销售的绝佳方式，整个销售流程都是在一种非常个性化的环境中完成的。

赠送超越客户期望的礼物

除了拨打电话，我们还会向客户发送电子邮件和传统信件，我想建议所有的销售员都这样做。在客户第一次访问后，一定要发送感谢信，生日贺卡和周年纪念卡也很重要。为客户发送生日贺卡简直成了我们的一项日常工作，通常，我们还会在贺卡中附上一张下次购物时可以享受的 100 美元面值的优惠券。

另外再说一下签名。签名应该是真人手写的签名，我也要求我们的销售员用真正的墨水笔去签字。曾有客户对我说："之前我也不确定这签名是不是杰克手写的。但随后我用手指揉了揉签名，墨水就沾到了手指上，我才知道这签名是手写的。"

至于要不要做出某些超出一般销售关系的个性化关怀，我们都是交由销售员自行决定的，比方说祝贺客户孩子顺利毕业、祝贺客户搬到新家、为死者家属准备慰问卡等。只要和客户的关系足够亲密，销售员就可以向客户派发任何礼品。

虽然只在见面一两次后就发送慰问卡略显唐突，但向多年的忠实客户，甚至是已经与销售员建立了朋友关系的客户派发，肯定是可以的。销售员甚至可以去参加客户的葬礼或为客户守灵。

与客户建立联系的最好方法，就是通过孩子。如果你在报纸或社交媒体上看到了与客户孩子相关成就的内容，那么你可以将其复制下来发送给客户，以此作为联系的理由。这可能比客户自身的一些方面更能引起他们关注。

我们一直鼓励员工将客户视作朋友，因此和生活相关的方方面面都不容忽视。如果客户失业了，你就可以给出自己的想法或建议，比如 "我很挂念你，能不能一起喝杯咖啡？"。当客户离婚的时候，你也可以做出类似的抚慰，只要你富有同情心，并真诚地关怀客户，感情就会自然流露，而不会显得做作。

如果客户处于失业谋职的阶段，或因离婚导致体重减轻，不妨猜想一下他们目前能负担得起的需求，比方说买些新衣服。他们需要合适的西装去求职，可能新的工作单位的着装准则要比之前更保守；他们需要新的衣服去交友，可能离婚后他们会有新的人生选择。不管怎样，他们显然希望改头换面，重新面对人生。

我的朋友丹尼·弗拉纳根就职于航空公司，他可能是世界上唯一一会给乘客写感谢信的飞行员。在航班中途停留时，他会在预先准备好的名片上写下暖心的话，让乘客知道自己有多喜欢和大家一起飞行，他会在名片上添加乘客的名字，并在时间允许范围内尽可能多地提及所有人。他还会给同事发感谢卡，感谢他们的辛勤工作和奉献精神。

在二等客舱中，他最关注的是中间座位上的乘客。他的目标是从情感和身体上让中间座位的乘客更舒服些，因为临窗和临过道的乘客都觉得中间座位的乘客碍事，他清楚地了解到"中间座位综合征"会给中间座位的乘客带来受害者的感觉。

丹尼曾对我说："设想一下，你已经在飞机上落座了一个小时，而邻座的乘客一句话都没对你说。因为只要他们一开口，就会给自己打上'友善'的标签，从而放弃对扶手的控制权。虽然他们也了解你在中间座位上的尴尬处境，但嘴上仍旧会喃喃不休。在飞机降落之后，你准备抓着行李赶紧离开时，他们才会带着灿烂的笑容对你说，'祝你今天过得愉快'这是他们与你的唯一对话。"

但当空乘人员走下通道时，一切都改变了。她在你的身边停下，俯身说道："打扰大家一下，我这里有机长给各位的一张纸条。"

从情感上讲，丹尼确实让乘客体会到了舒适的感觉，但从身体上看，他似乎也把作用变得更大了："我注意到坐在您身边的新朋友对您又爱又恨，就像对待自己的高跟鞋一样。他们很想了解你是谁，也想知道机长该如何处理这样的情况。为了让大家避免冲突，我给出了一个方案，两边的两位乘客需要放弃中间扶手的使用权，一人稍稍向左倾斜，一人向右倾斜。这样就奇迹般地出现了两个空闲的扶手，供中间的乘客使用。现在，您可以和两位新朋友聊聊天，享受飞行的乐趣了。"

你能相信吗？在丹尼就任芝加哥到旧金山航线机长期间，因为他的个性化服务，甚至有乘客特意预定了这趟航班，然后在航班结束后邀请丹尼去吃了晚饭。

应该多久与客户沟通一次？我记得在几年前，我们对主要客户分性别开展了一项调查。我们的女性客户表示，在沟通方式转为电子邮件之前，她们每年会接到四到五通电话，而优质客户接到电话的数量一般是这个数量的两倍。男性客户普遍会接到两到三通电话，且他们希望能更频繁地接到电话。

我们的销售员还定期向老客户送上小礼物，如鲜花、相框、我的拥抱客户系列的图书，以及领带、袜子、帽子和 T 恤等其他物品。其中大部分是用贴着邮票的传统邮件寄出的。

我的朋友史蒂夫·普鲁特（Steve Pruitt）曾告诉我，他有一个客户是佛罗里达州一家家族企业的所有者。每年他们全家都会去缅因州吃龙虾，但在他妻子罹患癌症之后，就没法全家一起飞往缅因州了。为此，史蒂夫特意飞到缅因州，给客户全家带回了龙虾。对客户来说，这是一个天大的惊喜。

在史蒂夫·特拉赫滕贝格担任乔治华盛顿大学的校长时，他需要为学校筹集资金。他喜欢把芝士蛋糕和酱菜寄送给大学里的朋友和一些大人物，并收到了很好的反馈。

我认识的一位 B2B 的销售员有一个棘手的客户，他喜欢把战斗机的图片挂在墙上做装饰。当时销售员手上正好有一张军方开发的新型飞机的照片，他把图片给客户发了过去并附言道："不知道您是否有这张图片，但我觉得您可能会喜欢。"销售员下次打电话过来的时候，客户邀请了他吃午餐，且从此以后再也没有刁难过他。现在那张照片依旧被装在相框里，挂在客户家的墙上。

我始终不相信所谓的"客户忠诚度计划",即便它在零售行业中很普遍,但这简直就是一场灾难,是一场和积分相关的华而不实的游戏。在实际操作中,很多销售员根本不会积极向客户展示最畅销的商品,而是直到积分翻倍或翻两倍的日子才展示给客户。客户也不愿主动购买商品。

相较于所谓的"客户忠诚度计划",销售员为忠实客户做些特别的事情,不是更明智吗?比方说一瓶酒、生病时的鸡汤,或百老汇表演的门票等。客户的忠诚并不是通过积分和消费来衡量的,关键在于一种友好的关系。

当然,赠送礼物并不代表任务就此完结,赠送结束后,需要将情况记录在计算机中,此项工作需要专人审核,以免操作过当。

高度竞争的环境要求我们不断提升服务标准。顾客都是见过大世面的人,你必须寻找新的内容和方式来超越他们的期望。所有的销售员其实都是撑竿跳运动员,他们不断追求着更高的高度,又要谨言慎行避免撞掉栏杆。

5 个步骤搭建暖心通信

通过电子邮件或个人便笺与客户交流时,不需要花费太多的时间。但你如果想要获得理想的结果,就必须进行周到的处理。毕竟,在发送电子邮件的时候,我们也正试图取悦客户,这与销售的理念也无甚差别。

听上去似乎有些傻，但我认为这是一套很重要的理论，而且我坚信这是可行的。我会在起草电子邮件、便笺或打电话的时候保持微笑，因为我坚信只有你微笑，你才能保证积极和热情的心态。在收到电子邮件或便笺时，你可以想象一下对方在写电子邮件的时候，是面带微笑，还是摆着一张扑克脸，我强烈建议你试一试。

下面就是我搭建暖心通信的五个步骤：

1.对电子邮件来说，请尽量选择简明扼要的标题，并设法包含以下几个关键点：积极主动、富有热情，以及个性化。比如，"星期一特卖活动就结束了"或"您的新套装已经备好了"。我尝试过在标题中融入一些简单但热情的词语，我一般喜欢用"你的"这个代表归属的词来传达一些紧迫感和个性化。

2.在称呼方面，尽量用客户的名字，尤其是客户青睐的昵称，如果客户喜欢被称为鲍勃，就不要使用罗伯特。通常情况下,我喜欢先写个"你好",然后再写上客户的姓名。

3.在电子邮件正文中，一定要添加一个个性化的简单句子，比如，"希望你和苏珊假期愉快""希望您能从髋关节置换手术中尽早恢复"。然后陈述电子邮件的主旨思想，在撰写过程中再次考虑融入步骤 1 中提及的几个关键点。

我可能会写："您的西服特卖活动现在已经开始了，并会在周一结束，希望您能来。"甚至可以写："我给您备好了一套蓝色的西装，并会为您留两天。"关键点在于要阐述得足够具体。比如："我为您的妻子预留了一枚特别的戒指，很适合做周年纪念礼物。"不要总是说我们的货样充足，而是向客户表明，我手上有一件你喜欢的。越明确越好！

4. 关于结束语，请使用"希望尽快收到您的回信"或"我会尽快给您致电"之类的句子。然后说到做到，打电话！

5. 关于告别语，我个人倾向于使用热情洋溢的问候，在适当的时机用上"无比热情的个人问候"。只要你喜欢，怎么写都行，但要热情、温暖、真诚。现在，我总会写"给您一个幸福的拥抱"。

如果还有篇幅，就写一段附加文字，有时它会成为通信中让感情更牢固、更热烈的纽带。比方说："我希望您可爱的猫咪小毛球快快乐乐"。

禁忌也是有的，但别上纲上线

当然，和客户联系时也存在着一些禁忌。比方说，你在报纸上看到，你的一位客户被起诉了，那么此时此刻保持沉默可能才是明智的选择。

不过，曾经有一位客户因金融犯罪入狱的时候，我给他写了一封信。因为在宣判时，当法官问他是否还有什么话要说时，他说道："是的，我很抱歉，我犯下了一个严重的错误，我会采取任何可行的措施予以纠正。我甘愿接受全部的惩罚，在我出狱后，我要过一种合法的、有意义的生活。"为此，我写了一封信，说他对法官的陈述令我感动。虽然他犯了一个巨大的错误，但我对他此时的正直感到钦佩，他也给我回了一封感谢信。

五年后，这位客户出狱了。他来到了我们位于康涅狄格州格林威治的理查兹分店，我看到他整个人焕然一新，身材也有了很大改善。坦白说，我几乎没认出他来，他入狱时已经 46 岁了，但狱中清淡的饮食、严苛的纪律和幡然悔悟的决心，让他看上去比当时还年轻了 4 岁。按照我习惯的方式，我和他击了个掌，他则向我报以灿烂的笑容。

然后，他迅速恢复了严肃的表情："杰克，我需要一套西装。"他停顿许久，又露出了大大的笑容："只不过这次不要条纹的了。"

在节日期间，我们会发送电子邮件，祝所有客户节日安康。一位被判长期监禁的客户一直能收到我们的邮件，她在回信中说，非常感谢我们在她"缺席"的时候，仍能惦记着她。

和客户保持紧密联系的原因，就是要让销售员的名字和店铺的名称不断地出现在客户的面前，但不要让对方觉得厌烦。调查结果显示，客户非常喜欢我们的个性化联系，这让他们觉得自己得到了重视。我们的确重视他们。

如果有段时间没有收到客户的来信，就打个电话，以诉思念，你永远料想不到客户对此会有怎样的反应。

　　玛丽莲·瓦拉克从一位退休的销售员手中"继承"了一位女性客户。客户是商业主管，但玛丽莲注意到，客户已经失联了两年之久。玛丽莲选择致电客户，她的开场问题是："您为什么不来了？"

　　和在商界摸爬滚打已久的女性客户打交道时，这种简单直接的问题反而更有效。客户把原因告诉了玛丽莲，但玛丽莲拒绝告诉我。不管怎样，玛丽莲解决了这个问题，这位客户再次来到了我们的店铺，现在她已经成了玛丽莲和我们家族的好友。

　　几年前，乔·考克斯失去了一位客户的音信。于是他打电话给客户，客户的妻子说他病得很重，乔表示了同情。妻子问来电人是谁，乔说自己是服装销售员，客户则是自己的常客，他记得客户喜欢 44 号的布里奥尼斯（Brionis）西装。妻子说："很高兴接到您的电话，我一直想致电给您，他现在住在临终疗养院里，可能再过几周就不在了。因为他体重减轻了很多，您能为他挑选一件小一点的西装吗？"

　　乔当然照做了，客户的妻子非常感激。虽然这通电话超出了乔的预期，但这位客户穿着乔准备的衣服没有遗憾地离开了世界，并且这件衣服还很时尚。

用"附加服务"打动客户

　　想要把客户变成回头客，就意味着要用各种方式接纳他们。我说的"各种方式"，往往意味着"千方百计"。

戴维·林恩是我们在理查兹分店的销售助理，负责为男士客户量身定制衣装。一天，他在店里遇到一位新顾客。顾客购买了一些领带，急着付钱，但店里人手不足，因此戴维留了他的电话，请他过后再付款，因为据他判断，顾客有成为忠实客户的潜质。

不久之后，客户打来了电话，他想在第二天到店定制一身西装。但时间很不巧，此时戴维恰好和家人一起在拉斯维加斯度假。戴维做了什么呢？他顶着一场特大的暴风雪，搭上了最后一趟飞往肯尼迪的红眼航班，飞机差点在暴风雪中坠毁。

后来，戴维向客户提到了自己差点机毁人亡的经历，客户开玩笑说，那他们算是扯平了。在他们见面的第一天，客户倒车的时候就撞到了停车场的电线杆上，作为一个额外的拥抱，戴维为客户付了洗车的钱。这次客户买了几套西装，成了我们的忠实客户，多亏了这趟红眼航班。

没错，销售员要"能屈能伸"。我在金融服务业的朋友布莱恩·维科夫（Brian Wykoff）告诉我，有一次他和老板一起去见一位客户，他们在赴约之前就吃过午饭了，但当他们到达时，客户表示希望他们两个正饿着肚子，因为他在一家很棒的餐厅订了位置。当然，布莱恩和老板当即表示"这怎么好意思"，他们放松腰带消灭了第二顿午餐后，也只是笑了笑。

许多销售员拎不清的问题是，他们将"调和"演变成了一种"挫败感"。不久前，我妻子琳达去了一家连锁家具店，她想选购新的沙发和安乐椅。店里有一位很机灵的销售员，名字叫乔，他帮助琳达找到了合适的商品。在去付款的途中，乔强烈建议琳达办一个商店会员，还说能获得一张价值可观的购物券。琳达不喜欢办会员，但又不想拒绝获得优惠的机会，于是就办了。

之后琳达告诉我说："这是一次愉悦的购物体验，我不光买到了想要的东西，还有其他的收获，杰克，这就是母亲常说的附加服务吧。"

几个月后，琳达再次走进那家商店，她看到了乔，并表示自己准备使用一些购物券。"券在哪里？"乔问道。

"我不知道，乔，我以为在你那。"琳达说。

乔回绝道："不，应该在你上一笔交易的账单里。"

琳达询问是否可以查询历史交易记录，并且是不是现在就能使用购物券，事后再走手续。乔说道："恐怕不行，我们店会在几周后把购物券寄给您。"

琳达百感交集地离开了，她脑海中不断浮现着一个问题："为什么乔不在上次买东西的时候就告诉我？"一个月后，琳达拿着购物券再次回到商店，找到了乔。乔帮助她挑选了几样商品，价值大概是购物券额度的一半。在结账的时候，乔说："琳达，恐怕你得在一次消费中用完这些券。"

琳达气愤不已，但也只能四处寻找着甚至没有任何用处的商品，而柜台旁的女人则用计算器不断加减，直到消费总额达到购物券的限定面额。

这是一个失败的"附加服务"，其实店家本来可以处理得更好。

令人难忘的细节，是赢得客户的终极秘诀

芭芭拉是我们亨廷顿米切尔商店的一位大客户，她曾向我的侄子，也就是店长克里斯提起，自己的大儿子准备办成年礼。克里斯表示，他们会竭尽所能打扮好她的儿子们。经过几次见面，我们准备好了孩子们参加盛大活动的服装。

到了成年礼那天，芭芭拉来为孩子们买衣服。克里斯自言自语道："为什么不在每个男孩的西装胸前口袋里放一支棒棒糖呢？"他注意到，每次来店里试穿衣服的时候，男孩们总是喜欢挑选自己喜欢口味的棒棒糖，虽然他们喜欢的口味每周都会改。

于是克里斯就这么做了，他在每套西装的胸前口袋里都装了一支棒棒糖，收拾好衣服后，他把这两套西装寄给了芭芭拉。在忙碌的几天过去后，克里斯从芭芭拉那里收到了消息，说两个男孩看上去都精神抖擞，还补充道："他们特别喜欢你的棒棒糖。"

正如我之前所说的，细节很重要，我们总是尽力做好每一个细节。大多数销售员只专注于销售到来的那一刻，他们可能会敷衍潦草地给客户打电话，发电子邮件，但只有那些微笑和令人难忘的细节才会对客户产生实在的影响。

玛丽莲·瓦拉克为一名客户制作了一个视频，展示了在商业演讲中可能会用上的着装搭配。还有一位客户曾向她抱怨过腰带的搭扣有多么难扣，想把皮带固定在腰上有多么的困难，为此，玛丽莲也专门为客户发了一段视频，展示了如何去调节和佩戴

皮带。后来这位客户特意来到店里表示感谢。

凯茜·乌贝尔（Cathy Ubell）是我们最出色的女装销售员之一。她总是会挑选出那些客户可能会感兴趣的衣服，并拍摄照片，发给客户。一天她为两条围巾拍了照片，发给了客户。正好客户在附近开车，并通过手机翻看了照片，她给凯茜打了电话说："这两条我都要了，我马上就到店里取，你在门口等我一下。"

客户在店外停下车，凯茜拿着围巾飞奔而去。客户一言不发，拿着围巾欣喜地离开了。这单生意算得上是一次免下车购物，就像在汉堡王一样。

我经常会走过竞争对手的店铺，看着顾客在店铺打烊两分钟后无力地捶打着店门，就像在门口乞讨一样，而保安人员或销售员正努力将顾客拒之门外。说实话，我心里会感到一阵暗爽！我的脑海中会不自觉地设想相同的场景，只不过我们的销售员正在做着相反的事，我们欢迎这些顾客，脸上始终挂着微笑。

有一次，一对夫妇买了很多时髦的新产品，随后他们问我："你知道我们今天为什么来吗？"我表示不知道。

他对我说："几周前，我们来到城里，天气很冷，我的妻子一直想要找个地方暖暖身子。酒店的礼宾服务员说我们可以来威尔克斯·巴什福德碰碰运气。我们到这的时候，已经是半个小时，甚至更久之后了。我向店内一个年轻的小伙子挥手致意，接着他邀请我们进来。我们买了一个漂亮的披肩，我的妻子一整天都感觉暖烘烘的。这次我们过来，就是回忆起了上次你们店员的好意，正巧我的妻子需要再买一条披肩，上次那件实在是太漂亮了，竟然被人偷走了！"没错，每次我们为等候在店外的顾客打开店门的时候，都会感到深深的自豪。

一位和弗兰克·加拉吉合作过一次的客户，收获了良好的购物体验。几周前，客户再次到店寻找的弗兰克，但恰好后者在休假。没想到这位苛刻的客户竟然有些不高兴，甚至有些粗鲁地离开了。

第二天，客户正在纽约的办公室里工作时忽然接到了秘书的呼叫："有一位弗兰克先生想见你。"

"哪个弗兰克？"他问到。

"理查兹服装店的弗兰克。"秘书说。

客户百感交集，有尴尬、有心虚，也有激动。弗兰克竟然会乘火车到曼哈顿当面道歉，这让他感到惊讶，因为弗兰克没有做错任何事。最终这位客户成了我们最忠诚的顾客和朋友，他还会把这个故事讲给别人听，讲了恐怕有上千遍。

如何将线上线下相结合，打造个性化服务

我们是一家传统的企业，喜欢看着销售在眼前实打实地完成，并希望从销售中看到盈利的可能性，这也就意味着，我们会谨慎考虑要花费的时间、金钱，以及引进新技术会带来的风险。结果就是，多年以来，我们一直拒绝通过互联网进行销售。在早

期阶段，我们甚至质疑其他零售商的在线业务是否能产生利润。

毫无疑问，互联网销售在现今世界最终站稳了脚跟。现在客户可以在家里、办公室，甚至是床上搜索商品，货比三家选择价格，点击购买，享受免费配送和退货，这是最适合现当代人的消费模式。因此在几年前，我们全力以赴地开发互联网分销渠道。

但是，直到在线销售也能完全实现个性化服务之前，比如允许客户以某种方式轻松地和网络彼端的真人进行交互之前，实体销售仍有很大的发展空间。我对此表示乐观。

正像我反复强调的那样，**销售包含着两个部分，一个是从情感上讲的人际关系，一个是从理性上讲的产品事实。**

让我们面对现实吧，我们很难通过互联网获得情感依恋。在实体销售涉及的方方面面，比如，人在其中的作用、肢体接触的力量等，这些都是通过互联网难以实现的。当然，网站有好有坏，好的网站很吸引人，但我依然觉得网络消费中产生的人际关系和去商店、去保险营业点实际和人接触所产生的人际关系并不一样。

从我个人的角度来看，互联网让我想起了过去父亲给我讲过的商店陈列柜的样子：所有的商品都装在巨大的玻璃柜中，和现在珠宝商展示商品的方式一致。这就是我始终相信实体店铺不会绝迹的原因之一，毕竟你没法通过计算机感受羊绒毯的质地吧！

话虽如此，但像我们这样的实体店铺也要增加分销渠道。在当今的时代，像"全渠道""多渠道"这样的流行语至关重要。因此我相信，一流的店铺必须把互联网纳入分销渠道之中。

　　我清楚有很多顾客选择了我们的在线购物，这点在奢侈品购物上体现得尤为明显。尽管事实上我们的奢侈品线上商店并没有创造多少利润，但我注意到很多客户，尤其是居住在我们店铺行车范围外的客户，都会选择网络购物。因此，只要客户有这方面的需求，我们就会励精图治，做到最好，最大程度上让客户受益。

　　由我精通计算机技术的儿子拉斯和精通市场营销的儿子安德鲁，以及我们的分析主管贝丝牵头，负责开展互联网分销工作。我们的想法是先创建一个网站，在线上反映出在我们八家分店中会有哪些购物体验。

　　我们将这套系统称作 Mpix，它的核心是电子相片成像技术。它的工作原理是这样的：

　　　　我们将所有的服装和珠宝等商品的高质量图片上传到网站上，销售员可以浏览页面，并凭借他们的产品知识和经验为客户整理出一套他们可能会喜欢，甚至购买的商品清单，然后将清单打包发给客户。这是一套非常特殊的互动系统，顾客可以选购我们商店中的所有商品。

　　系统设计的重点是"个性化"。有些企业会用打折商品和新产品的电子邮件塞爆客户的邮箱，根本不管这些商品是否适合客户，男性客户会收到造型可爱的睡衣推荐，两天前刚购买了平板电脑的客户还会收到新型平板电脑的广告，我非常反对这样的做法。

　　更让我觉得荒诞的是，这些广告邮件通常还会在末尾标注"请不要回复此邮件"。他们觉得有人愿意回复这些邮件吗？销售有技巧，线上销售同样也有技巧，我们希望客户通过计算机和智能手机也能感受到温暖，也能看到我们的微笑。

　　客户还可以登录我们的网站，浏览相关图片。如果他们看到自己感兴趣的商品，可以要求销售员将之保留下来，等客户到店体验，我们将之称为"预留服务"。他们可以到店来看、来感受、来试穿，如果他们喜欢，就可以买下来。如果他们居住在较远的地区，就可以直接在线购买。

　　互联网为我们的销售员提供了一种有价值且有效的工具，这也是我们对客户的一种拥抱。

　　网站的访问量也超过了我们的预期。我们收集的一项关键数据显示，和实体店铺相比，来源于网站的新客户要多出很多，互联网已经一跃成为我们最重要的新客户来源。

　　我们的网站还有一个非常出色的功能，就是允许客户查询以往的购物记录。如果客户曾在 2014 年 10 月购买了某件商品，他就能在网上直接看到它的图片。

　　如果他们想再买一条牛仔裤，却忘了之前那条的样式和颜色，就可以直接在网络上查到，哪怕是凌晨四点坐在床上操作也可以！我的梦想就是为每位客户设计一个虚拟的壁橱，他们购买的商品会排列在壁橱里，旁边还有能与之搭配的其他服饰。

　　数字世界能将销售推进到什么样的地步，这一点谁也不知道。

艾娥娜·凯丽（Iwona Kelly）是我们在理查兹分店的制鞋专家。有一次，她的一位客户要动身前往旧金山，在客户离开之前，艾娥娜建议她到我们的威尔克斯·巴什福德分店逛逛，因为那里会卖理查兹分店不销售的鞋子。

几天后，艾娥娜找到一双适合客户的鞋子，并通过 Mpix 通知了客户。当时客户正在我们竞争对手的店里购物。在看到这双鞋后，客户走上大街，来到威尔克斯·巴什福德，买了下来。

我知道，许多消费者会到实体店铺来体验商品，然后再到网上购买，因为他们觉得网上的价格更便宜。实体零售商通常会把这种现象称作"陈列室效应"（Showrooming）。

而我认为，如果你能提供出色的个性化服务，那么"陈列室效应"就会消失，即便价格略高，客户也会直接从店铺购买商品，因为你的服务提供了额外的价值，比如免费修改等。

很显然，基本款商品和断码的商品更容易在网上销售。如果你住在离店铺很远的地区，你会依赖在线购物。但如果可以和一位真正了解你的，经验丰富的销售专家一起购物，岂不是更好？

设定例行程序，明确任务优先级

伟大的销售员不相信巧合。他们不会仅凭一时冲动开展工作，他们会设定例行的程序，然后躬身遵循，这也是执行计划和遵守纪律的一部分。

　　我曾经读过一篇文章，讲的是马拉松游泳运动员是如何严格遵循纪律，并专心执行例行程序。伟大的游泳运动员戴安娜·尼亚德（Diana Nyad）曾谈到，她认识的所有游泳运动员都会严格控制自己的泳姿，并精准地记录下每次游泳所花费的时间。

　　这种习惯根深蒂固，并蔓延到了他们生活的其他方面。每次尼亚德乘飞机时，都会随身携带一大包糖果。当坐到座位上时，她就打开包装，数出相同数量的各色糖果，然后用飞行的时间除以糖果的数量，接着按照计算出的速度将糖果逐一吃掉。每次飞机降落的时候，她都能恰巧吃掉最后一颗糖果。

　　当然，我不会建议销售员也这样做，但我强烈建议你随时留存一份待办事项的清单，这也是我一直在坚持的。在理想状态下，你要为每一个任务列出启动和完成的时间，并注明该事项是紧急且重要的，还是不重要的。换句话说，你要通过这种方式来确定各项任务的优先级。我还要建议你将自己的清单展示给助手和同事，以便大家共同完成这些目标。

　　你可以在上班前，或在一天结束前留些时间，评估待办事项的完成情况。如果一项任务涉及他人，那么将这个项目从清单上剔除时，总是值得庆祝的，无论是击掌、拥抱，还是出去喝一杯，随你方便。

　　黛比是一位鞋子和手袋的销售专家。有一次我在米切尔服装店的销售处和她聊天，黛比手上拿着几十沓笔记，其中有便笺、彩纸，还有在信封上草草写就的笔记。我问道："这些纸片都是什么？"

她说:"我晚上睡不好,老是想着我们的顾客。睡不着的时候,我就在便笺上写写画画这些名字。店里刚到了一批新货,我想自己或者是某位同事应该给客户打电话了。"

黛比每天都会为自己设置一个目标,有涉及销售额的,也有关于接待客户数量的,她计划工作日接待 7 到 8 人,星期六接待 10 到 15 人。她说:"我常常把销售工作看作是画画,每次觉得到了要'画龙点睛'的时候,我就会对客户说,我有件商品想给你看。"

每位销售员都应该确定好每天需要拨打的电话数量。据我所知,乔·德斯特会利用每周三休假的时间安排好下一周的工作,他每天要么是在打电话,要么就是在处理电子邮件。

我们的一位销售员凯伦告诉我,她每天会在家花一个小时做好准备工作。另一位员工阿尔诺则会提前一个小时到店准备。我个人觉得,完美的销售计划就是每天接待两名以上经过预约的客户,周六的话数量应更多些,还要做好随时接待到店客户,以及帮助同事推销的准备。

我们的资深销售员之一乔·德罗萨的例行工作,就是查找发生在一年之前的大额交易。然后,乔会给客户打电话或发送电子邮件:"我记得很清楚,去年大概这个时间您过来购买了一件漂亮的毛皮外套。现在我手上有一件漂亮的新夹克,我觉得您应该过来试试。"他甚至还会拍下这件新夹克的照片,然后通过电子邮件发送给客户,以吸引客户到店。

理查兹分店的朱迪·布鲁克斯曾向我简要介绍过自己的日常工作："我会检查一下每年这个时间到店购物的人，还有哪个没有来。另外，我会再去筛查一下近几个月没有联系过的客户，或尝试预约，或只是单纯地询问他们近况如何。当然，我也会在店内来回走动接待客户，看到新上的商品，我就会想它能满足哪位客户的需要，然后拍照并发送图片，接着拨打电话，告诉他们'我为您准备了完美的商品，不妨过来看看。'"

例行程序的作用之一，就是它会鼓励销售员严于律己，主动出击。除此之外，它还能在销售过程中激发出一些新的灵感。

斯科特·纽金特是我们的销售员之一，他非常看重"预约"在销售过程中起到的作用。有一次他在为预约做准备时，上谷歌查询了一下顾客的背景资料，发现州政府为该顾客准备了价值1 500美元的退税支票。

当客户到店的时候，斯科特将这件事告诉了客户。不用说，客户自然非常欣喜，并迅速进入了"购买"的情绪状态。在这个案例中，客户、销售员、店铺都很满意，又是一次"三赢"！

深化与客户的私人关系

我们的销售员到夏威夷和佛罗里达度假的时候，有免费的房子住；到纽约，有免费的公寓住；在英国看温网公开赛时，又拿到了最后四张门票。这都是谁送来的？客户呗！

这就像是，我们的客户家里养了一群鸡，每次到我们店来购物的时候，他们都会给自己钟爱的销售员提来满满一筐鸡蛋！

如果我们知道一位老顾客的生日即将到来，等他到店就会发现我们早就准备好了蛋糕在等他。还有更有趣的，你猜怎么着？顾客甚至会提着蛋糕来店里，为他的销售助理过生日！我的哥哥比尔过七十大寿的时候，他从不同的客户那里收到了 10 个蛋糕！

你选择对客户提供热情"拥抱"之后，客户成为你的好朋友就是自然而然的事情了。

朱迪·布鲁克斯有个想法，她准备在店外的草坪上为来店的顾客准备早餐和午餐，就餐过程中也丝毫不提销售和服装的事，因为她很享受和朋友一起野餐的感觉。"我希望客户忘却我的身份，只是作为普通朋友来交往。"她如此说道。

有一位已经八个月没有到店购物的客户在参加了一次早餐会之后，到店里买了一大堆东西。

朱迪说："如果他们把我当作普通朋友来对待，就不会只关注我销售员的身份了，我也有自己的兴趣和爱好，我也有深爱的丈夫和孩子。只要和客户成为朋友，他们就会更多地想起我，到店里来看我，然后，他们也开始享受和我一起购物的感觉！"在朱迪的父亲和母亲过世时，有很多客户参加了葬礼。

我们有不少其他的销售员也在做同样的事情——深化与客户的私人关系。你上一次被手机运营商或家电商邀请参加晚宴是什么时候？我猜你从未被邀请过。

　　我们很多销售员都曾和客户一起用餐、一起度假、一起打高尔夫球、一起看话剧或电影，他们会一起参加很多活动。

　　我曾经问过我手下的销售员艾娥娜·凯丽，哪件事最让她感到自豪，她的答案是："我最自豪的，就是和客户保持了如此亲密的关系。在我患上了乳腺癌之后，很多客户都在尝试联系我，为我送上鲜花和寄语，这一点完全超出了我的想象。我只不过是在完成我该做好的工作，尽可能帮助他们而已，但他们反馈给我的是更多的善意。我想这就是我人生中最自豪的事。"

　　特蕾莎·贡萨尔维斯（Theresa Goncalves）是我们的客户服务经理。她曾对我说："我在商店散步的时候，最喜欢听销售员和顾客的交谈。他们谈话的内容不光关于服装，他们还会谈论度假的去处，销售员会和顾客分享度假的心得，这一点非常棒。他们甚至都知道对方孩子的姓名，这和其他商店中的情况截然不同。"

　　艾米·嘉曼（Amy Jarman）有几位熟悉的顾客，她们每次都会过来邀请艾米一起到隔壁买冰激凌吃。她们在我们店里购物也不会感受到任何的压力，她们只是偶尔过来打个招呼，看看她们作为销售员的好友罢了。

　　我的侄子斯科特给我分享过一段经历，那天他从顾客那里收到了一封感谢信。信的最后写道："你和你的员工都非常特别，像你们这样处处为人着想的商家并不多见。你和你的家人正在进行一项伟大的事业，我很荣幸能成为你们的客户。"你能想象吗，他为成为我们的客户感到荣幸！

能够拥有现在的每一位客户，也是我们莫大的荣幸。

始终保持销售状态，不断寻找开拓新业务的机会

我曾经开玩笑说，我无论正在做什么，都忘不了销售，其实这是一句实话，而且我觉得所有销售员都应该做到这一点。

我在每次旅行途中几乎都会遇到原来的客户，只要与他们重新建立联系，我就可以展开销售。在乘坐飞机时，尤其是将舱位升级成商务舱或头等舱时，这种情况经常会发生。

我会不断寻找开拓新业务的机会。清晨时，我会把名片递给和我一起锻炼的绅士，没准他就想买一件新外套，谁知道呢；排队的时候，我会和前面的陌生人搭讪、交换名片，告诉他我的职业，没准对方就需要买些新衬衫呢。

我知道，我们的销售员总是会随身携带名片，即便是在卫生间、比赛现场、酒吧或干洗店，这些地点都能方便地交换名片。我们的销售员总是能做好随时结交新朋友的准备，并为此感到自豪。

每当我在外面遇到我们的销售员，比如在超市，或者电影院门口时，我总会检查他们是否随身携带了名片。如果他们带了，我就奖励他们一美元。这不仅是我们都喜欢玩的一个小游戏，还提醒了销售员，要随时做好销售的准备。

可能你会不以为然，但优秀的销售员即便是在客户退货时也

能销售。没人喜欢客户退货，尤其是那些努力倾听并耐心搭配了适合商品的销售员，但你总有机会看到客户提着大包小包，或者在圣诞节过后提着一堆礼盒走进店铺退货。

如果像我们的店铺一样，销售员不接受佣金，退货也会容易一些。但作为销售员的本能会让他感到事态正在向徒劳无功的方向发展。重要的是，要让销售员认识到退货只是游戏的一部分，不仅要以真诚的态度处理退货，还要采用与销售时同样乐观和个性化的态度处理退货，这对促成下一次销售有很大的帮助。

我们始终希望客户能在这里获得满意的购物体验。我们希望传达的信息是："在米切尔服装连锁店购物的感觉真棒！他们在我退货的时候还能带着微笑，跟我在买这件衣服时一样。"

这让我不禁想起了那个关于"狼"的故事。我们的一位老客户买了一件杰尼亚运动夹克，想让我们直接送到他在怀俄明州的家里。根据我之前在"额外阶段"中描述的那样，我们提前发了货。问题是，客户因暴风雪的原因，直到两天之后才抵达怀俄明的家中。结果他发现这件夹克被扔在门外的门廊上，还被当地的野狼撕碎了！

这件夹克被狼撕成了成千上万块，散布在门口的草地上。

运送夹克的快递公司不愿承担这个损失，他们说装有外套的纸箱可能"太薄了"。当然，我们立刻通知客户表示愿意更换。

不知为什么，杰尼亚的客户代表听说了这个故事，一路汇报到了他们的首席执行官吉尔多·杰尼亚那里。

我们与杰尼亚的关系非常好，他主动提出要在贝弗利山庄分店为客户定制一件大衣，但我们的客户更喜欢在米切尔的威尔克斯·巴什福德分店完成这一切。

奥格时装（Oger Fashion）的山德·卢辛克（Sander Lusink）是我的好朋友，他给我讲了一个关于"拥抱"的小故事，我非常喜欢。他们在鹿特丹一家分店的销售员注意到，街上的一辆汽车上贴着一个用完的罚单夹。于是他自费买了一本新的罚单贴在了车上，并把自己的名片夹到了里面。车主回来之后，也注意到了这个体贴的举动。他走进商店向销售员致谢，在离店之前，车主买了 4 000 欧元的衣服。

从现在开始，随时随地展开销售吧！

拥抱指南

◎ 只要获得许可，就与客户保持紧密联系，以便召回顾客。

◎ 不要打冷冰冰的电话，要通过电话传递温情。

◎ 注重细节，小事要比大事更重要。

◎ 用正确的方式利用互联网，将其作为人工销售的补充，
   而不是替代品。

◎ 设定例行程序并遵循，在一天开始之前就做好安排。

◎ 始终保持销售的状态，比如给客户买一本新罚单。

第三部分

让"拥抱理念"成为销售文化

每个人都是赢家

如果伯克希尔·哈撒韦的每个人
都遵循杰克·米切尔的建议，
我们将拥有整个世界。
——沃伦·巴菲特

第 **9** 章

团队所有成员都要成为销售的一部分

几年前，一位名叫哈维的退休警官作为保安加入了我们韦斯特波特的分店。他态度亲切，喜欢孩子，他自己没有孩子，但跟着父母来店里的孩子都喜欢他。原因之一就是哈维总是会给到店的孩子十美分的零钱，很久之后我们才发现哈维的这个小习惯。

当然，哈维所给出的十美分是一种温和的姿态，也是一种取悦客户的简单方式。我的父亲和比尔都说过，哈维真的做到了我们店的使命，就是让客户感到开心。这让身为父母的客户能放心地将家人带到一个舒适的环境中，并让他们不断地回想起这家店曾经作为"埃德·米切尔"老店的那段时光。

哈维就是我们的"快乐警官"。那么这个故事的重点在哪里？

在一个团队中，所有人都要参与到销售的过程中来。即便你能完美遵循本书中的销售流程，销售员也绝对不能单打独斗，除非他们对自己的能力有很强的自信。

销售是在环境中发生的，也就是我们的店铺中，这个环境就是"拥抱文化"，文化必须成为销售的重要辅益和支撑。销售员是一线岗位，但供货商、裁缝、收银员、营销人员、信贷经理、会计师、运输和收货人员、管理员，甚至保安等其他岗位也要全力参与。如果门口的安保人员能微笑着向客户打个招呼，并在客户离店时表示感谢，也会对销售起到作用。

换句话说，团队中每个成员都应该成为销售的一部分。这种人性化理念才是本书的精髓。

店铺内所有的其他人员，无论他们的岗位是什么，都应该成为销售员的队友，也应该被当作队友来对待。要了解、尊重并信任他们，这一点对于销售至关重要。

在非洲有一句谚语："如果想要安静地走，就一个人走；如果想要走得更远，就找人一起走。"我非常笃信团队的力量。在高中和大学期间，我一直在橄榄球队打球。在高中时我打后卫，但在跟跑的时候也经常传球。在大学的球队里，我的角色是更为传统的后场边后卫，喜欢使用 T 阵型。

在大学二年级时，我们打了三场比赛之后，所有的四分卫都不同程度地受了伤。教练把球队成员召集起来，说道："还有人能打四分卫吗？"我小心翼翼地举起手来，告诉他我之前打球的历史，并表示我觉得自己能胜任这个位置。"那好吧"，教练说。然后我站起来，对其他队员说："我现在要开始打四分卫了，你们这些边锋最好能拦得住对手。"

大家都笑了起来，但我是认真的，我没法在边锋防守的情况下完成传球。

销售是一种相互依赖的关系

如果你是一位单打独斗的销售员，即便你会坚持不懈地努力，从长远来看，你的销售额也不会太高。在销售的任何阶段，单打独斗的销售员都倾向于拒绝他人的协助，他们还想仅凭一己之力提升整个店铺的销售额。反过来，如果你能主动寻求帮助，并与团队成员很好地合作，虽然你们变得更加相互依赖了，但却形成了一种更有效的销售方式。

要记住，橄榄球赛场上不光有四分卫和边锋，还有接球手、后卫、教练，以及球队的经理和老板。你觉得在没有后勤人员、队医和教练的帮助下运动员能取得成功吗？更不用说有支持运动员的球迷了。在销售过程中，亦是同理。

客户对商铺的第一印象是从哪里开始的？在我们的商铺中，客户的第一印象从在停车场找到一个干净安全的车位时，就已经产生了。那又是在哪里结束的？当客户从我们的销售员或靠近门口的同事那里获得了友好的告别时，最后印象才算结束。可见，帮助客户形成印象的可不仅仅是销售员。

在汽车经销商店、航空公司等，任何客户能够购买到商品和服务的地方都是如此。

店铺环境，物体摆放等也需要视觉团队花心思，使其恰如其分。要将合适的服装穿搭在人体模特上，并用充满活力、赏心悦目的方式布置橱窗。最重要的是，确保客户能购买到适合自己的商品。

店铺所有者也扮演着重要的角色。我坚信榜样的力量，他们要在经营繁忙的时刻出现在店铺的销售现场，这样才能以身作则，树立榜样。

销售经理和供货商也应该参与到销售环节中。我们店铺会在周六邀请供货商来到卖场，通过唱歌或跳舞的方式帮助销售员展示织物产品的独特品质，我将这天称为"游戏日"。我认为，投资公司或保险机构的专家也应该以合适的方式介入销售环节，因为他们最了解相关产品的特质。

我们不妨设想一下销售员通过发送电子邮件吸引客户到店的重要性。我们拥有着复杂但容易上手的计算机系统，利用它们销售员可以抓住向客户推荐特定产品的精准时机，还能为客户提供个性化的后续服务，比方说祝他们生日快乐或周年纪念日快乐等。

采购部门需要在收到的商品上标设正确的条形码，附上相应的票据，以便销售员在卖场中能准确地进行识别。其实，票据上所列举出的产品数据，如尺寸、款式、颜色等，也是一种正确利用数据的销售优势。当然，幕后人员需要检查这些数据，来确保我们能在正确的时间，以合适的价格对每一位客户做出精准的营销："您好，很高兴再次为您服务。"

实际上，有些客户会指定技师和裁缝为自己服务，有些客户喜欢特定的客服人员给自己打电话，因为他们和这些员工的联系更为紧密，所以即便其他服务人员有空，他们也会耐心等待心仪的人员来为自己服务，这真的很奇妙。

甚至收银处的信贷人员也会参与到销售之中，还是整个团队不可或缺的一部分。没错，虽然她们主要的业务是发放消费贷款，但当她们把"拥抱"的理念融入日常工作的时候，与客户建立亲密的关系就变得更加容易。拿我们的信贷助理伊伦·瓦斯来说，我喜欢叫她"我爱工作"的瓦斯，因为她总是喜欢对我说："你知道吗杰克，我爱我的工作！"

伊伦每个月都会给一些客户打电话，提醒他们还款日。不同之处在于，她会用一种温暖且个性化的方式来做出提醒。她了解客户，客户也了解她。有一次，因为一位先生在经济上比较拮据，伊伦决定一个月内先不去打扰他。但客户居然打电话回来"质问"她说："你忘了我吗？我想接到你的电话！"

如何让团队中的每个人都能取得更大的成就

当你意识到团队所有成员都在销售的时候，你就会对同事更加尊重。很显然，销售员不宜批评自己的队友，而应该表扬、支持对方，在需要时给予帮助，以便在危难时得到回馈。也就是说，你需要将店铺或企业当成社区一样去经营。

我将这种理念称作"支持的精神"。在我们的店铺中，我时常注意到一些真正重要的小细节，比如当销售员迎面碰到其他销售员和客户交谈的时候，就要面露微笑，或挥手致意。

当然，如果路过的销售员认识客户，那就也需要和客户打招呼，或许还可以顺势闲聊几句。如果销售员感觉自己可能会对当下的局面产生干扰，那就可以留下一个快速的问候，尽快离开。

这些行为看上去似乎有些微不足道，但当 30 个、40 个销售员都能做到这个程度，就会产生巨大的正能量。

当你向队友们敞开心扉时，就会催生出忠诚、欣赏和支持，继而形成销售文化和拥抱文化相互交织而成的特殊纽带。服装行业不仅仅是关于裙子和西装，还关于"自我推销"。

如果客户有衣服要改，我会向客户介绍西尔维娅、西蒙和艾伦娜，她们都是出色的裁缝。裁缝和销售员之间的沟通也非常重要，因为销售员可能会打探出一些信息，比如客户对在其他店铺购买的某件衣服的衣领不太满意，这样就能提前告知裁缝要特别注意衣领的情况。

如果客户需要出席婚礼等特殊场合，他们就有可能在一天或两天内要求进行多次修改，由此销售员就需要调整步调，以便和裁缝保持一致，这就是企业中各个成员展现相互信任的时刻。

正如有一天，玛丽莲·瓦拉克对我说的那样："如果缺少了团队中的任何一个环节，我都无法做好销售。"当时她所指的就是航运部，那是凯西·帕格里索的团队，他们负责把所有需要外寄的商品做好包装，按时运出。

记住，成为团队的一员就意味着要履行自己的责任，因为你的位置没有他人能够替代。

许多人都听过这个说法，"团队中没有我"，这表明团队中不会容纳以自我为中心的人员，我们不能从个人的角度思考和行动，而是要顾及整个团队！

但我还是觉得，"团队中有一个我"。我的意思是，每位成员都要问自己一个问题："在团队中的我，该如何发挥出最佳水平。"

团队中的每个人都能取得更大的成就，这才是建立"团队"的意义，而且这是毋庸置疑的！

有一次，我邀请我们男装部的杰出销售员诺贝托同我分享一段让他感到特别开心的经历。我本来以为他会给我讲一笔大宗交易的来龙去脉，结果他说："最让我感到开心一段经历就是，有一次顾客进门之后，不光夸奖了我，还夸奖了店里的每一个人，从客户服务人员到裁缝，再到停车场中帮他验票的那位绅士。"

说实话，这个故事我听一天都不腻。

不要觉得只有你的同事才是销售团队的重要部分，这个"团队"的概念要比你想象中大得多。

比方说，司机也是团队的一员。如果你是一名销售员，你可能会发现自己需要找一辆车，以帮助客户回酒店或者回家，那么司机就会极大地影响你与客户之间的关系，或积极，或消极。

我的朋友史蒂夫曾经当过司机，他有幸服务过保罗·纽曼。第一次是史蒂夫清晨开车带保罗去机场，保罗和他一起喝了一杯咖啡。史蒂夫发现保罗喜欢喝百威啤酒，就在接保罗回程的路上帮他点了一杯冰镇啤酒。第二天早上再去接保罗的时候，又帮他点了一杯咖啡。保罗后来成了他最重要的客户，因为史蒂夫深谙销售之道。

艾迪·塔姆（Eddie Tam）是在旧金山开车带我们往返机场的司机，我们和他也有过类似的经历。

在我第一次搭艾迪的车时，他给我讲述了关于自己的故事，从他如何开始做现在这份生意、专车和出租车哪种费用更低、自己不接受小费、只发送书面形式的账单，到可以通过电话或电子邮件和短信进行预约联系等。

等我到了机场下车的时候，他告诉我，我会在第二天接到通过电子邮件发送的账单，而且拒收了我给的小费。他还问我，如果我早上需要用车，需要为我准备什么饮料。没错，我就这样被他"套路"了，成了他的回头客。

我跟他说，"我喜欢清咖啡"，还补充说琳达经常和我一起出门，而她喜欢喝茶。从那之后，艾迪为我服务了很多次，每次都会请我喝清咖啡，请琳达喝茶。圣诞节前后租车的时候，艾迪还会分我一些糖果。我也向其他人推荐了艾迪很多次。

管理者如何为团队提供支持

正如销售员需要专家、供货商、保安和营销人员的协助一样，他们也需要经理、领导和企业所有者的支持，这是销售中的一个重要因素。毋庸讳言，伟大的领导者总会成为销售员的坚强后盾。

在我们的店铺中，销售助理总是会把新顾客介绍给团队负责人，甚至我们米切尔家族的一位成员。从情感和理智的双重角度来看，这种联系都非常有价值。不管是团队负责人还是家族成员，他们都对产品或服务的某一方面有着非常独到的认识，将客户介绍给他们是正确做法。

我们也乐得将这些介绍的主导权交给销售员。随着时间的推移，我们会与每位销售员都形成深度合作，也就会知道销售员喜欢说什么、做什么。

就我个人而言，我希望他们能提到我们是一家延续了三代的家族企业。说这些话的时候，我会观察客户的眼睛和面部表情，看看这个概念会不会对客户有所触动。如果有，我就会强调我们是如何在店铺中营造家庭氛围的，顺便探寻顾客的职业和家庭情况。

销售员需要得到管理层的授权和无条件信任，来确保自己的行事自由。在我们的店铺，如果顾客需要某种商品，销售员就能获得企业的授权和支持来全权做出决定。这样的授权对于买卖双方能否建立融洽关系具有十分关键的作用。

需要说明的是，许多商业领袖对任何形式的变革都有一种抵触的心理，这就是为什么许多变革都是由销售员发起的，然后再逐渐上升到管理层。

有一个概念叫作"沉没成本效应"（Sunk-cost Effect），是指人们总是会做一些显然走不通的事情。

詹姆斯·苏洛维茨基（James Surowiecki）在《纽约客》（*New Yorker*）上发表过一篇有趣的专栏文章，研究了商业领袖为什么不愿放弃现有战略。他给出的原因，是他们已经在原有的战略上付出了太高的成本，他们不想承认自己以往的错误。他又提出了一项关于 NBA 选秀的研究，研究结果发现，顺位高的新秀总能比顺位低的新秀获得更多的上场时间，但临场表现却不尽人意。

在我看来，他的研究结果非常适用于整个销售过程。即便有明显的证据显示客户对产品或服务不满意，商业领袖也不愿转换思路，只因为他们在以往的道路上投入了太多的时间与金钱。

销售员必须记住一个"黄金规则"，那就是：企业所有者和经理拥有"黄金"，所以要由他们来制定"规则"。但销售员也不应该忘记，他们与企业所有者或经理有着相互依赖的关系，销售员如果改变了思路，且取得了惊人的效果，又希望能推广这种成功经验，就必须向经理或企业所有者"卖出"这个想法，这可能会成为他们有史以来最重要的销售经历之一。

第 10 章

适用于所有行业的"拥抱文化"

在前文中，我分享了在销售中"拥抱"客户的各种细节。我将大量笔墨倾注在了服装销售上，这也是可以理解的，毕竟这是我毕生的事业所在。但我也列举了一些其他行业的例子，因为销售就是销售，我相信我的方法可以在任何产品或服务上取得成功。

我对我们进行销售实践的方式，以及销售员开展工作的方式感到非常满意，因为它们不仅能取悦客户，还能让他们兴高采烈地被召回。

我的梦想是让更多的企业和服务提供者都能采用"拥抱客户"的方式进行销售。虽然这个愿景无法一蹴而就，但可以有意识地通过不懈的努力来实现。正像老话所说，绳锯木断，水滴石穿。

每当我遇到粗鲁的店员或消极对待客户的店家，都会心想：怎么还有这样的卖家？

实际上，每当我坐在某处，晃着双腿，陷入白日梦时，我都会想象着所有的商家都采用了我们的销售方法，每个人都获得了成功。比如说熟食店、花店、航空公司、牙医诊所、手机专卖店、二手车市场、人寿保险公司，甚至是直肠科医生！

如果我的这本书能引起某些读者的注意，我就能从架子上取下一些白日梦。

要记住，不管你是在酒店、餐厅、医生办公室还是服装店，无论你身在何处，销售都在你的身边，因此制定销售流程是非常重要的。还要记住，涉及客户的一切，都是在销售。

你可以使用"拥抱客户"的方法，自由追逐你的梦想。从今天就开始吧，就像耐克公司的广告语那样，"想做就做"，你能行！

餐饮行业如何拥抱客户

我喜欢美食，理想的食物是既能让我过嘴瘾，又不会让我为增重发愁，这是我最爱做的白日梦之一。我曾经听说一家餐厅的食物很美味，就打电话为我、琳达、儿子托德、孙子瑞恩，以及我 97 岁的岳母弗洛伦斯预约了位置。

在我们到店之前，餐厅的计算机主机会检查数据库，以确认我们之前是否来过这家店。如果我们之前来过，店家就能查到我们喜欢的菜肴、偏好的服务员或餐桌等信息。

当我们到店时，老板说道："嗨，杰克！欢迎光临莫迪美食，我猜你是第一次来，对吗？""是的。"我答道。

她又说道："我很喜欢你今天穿的夹克，但考虑到你是做服装行业的，好像这样才名正言顺。我听说过很多关于米切尔服装的消息，客户好评如潮啊！"

很好，很好，看来老板花了些时间在网上找了我的信息。可喜的是她能意识到，应该尽力避免任何形式的"冷场问候"。这就是我所提倡的，要事先做好功课，吸引新客户。

老板将我们引荐给了服务员艾米。艾米问道："我们要庆祝什么吗？"她试图搞清楚我们为何选择今晚来这里吃晚饭，这样至少能做到心中有数。

在服务过程中，艾米始终保持着对语言和非语言线索的警惕。她留心观察着究竟哪一位才是家族的领导者。在分发菜单的时候，她迅速并尽可能多地收集了就餐人员的姓名。她向最年轻的客户和家庭领导者分别笑了笑，随后确认是否有人有什么急事需要处理，以便加快后续的进程。然后她又将这些信息迅速传递给了自己的队友。

鉴于我们是第一次到店，她用积极、友好且个性化的语气说道："我们的菜单上有很多有趣的特色菜，我想你们会感兴趣。"

她首先询问了我们是否有特别喜欢吃的东西。随后她了解到，我极嗜洋葱圈，但从不吃鱼；琳达喜欢吃海鲜，但一般不吃肉；弗洛伦斯饭量不大，但喜欢鱼和布丁甜点；托德则热爱一切；至于瑞恩，他只喜欢汉堡、腌黄瓜、加了黄油的普通意面，还有苹果酱和薄荷冰激凌，我没有开玩笑，他有时候也会用牛排来代替汉堡，但除了这些他什么都不吃。

艾米把这些都记录在案后,又问道:"你们想喝点什么?"她确认了那些虽然成年但不喝酒的人,琳达、托德、弗洛伦斯,当然还有我,我们都不喝酒,我通常只喝加了柠檬的冰水。接着,她离开了我们的餐桌,去为饮品下单,同时,她也将我们的偏好输入了餐厅的计算机系统中。

在我们点单的时候,艾米显然完全调动起了自己的耳朵和眼睛。我们对价格敏感吗?如果是的,艾米显然会推荐一些性价比更高的餐品,并说:"这是您能在城里找到的最美味的炸鸡条。"

艾米对所有的菜肴都了如指掌,还清楚地了解阿拉斯加帝王蟹、长岛龙虾和加利福尼亚球甘蓝各自的特点和优点。她关注着每一个人,尤其留意餐桌上的领导者:啊,他的名字是杰克。其他家庭成员的名字她也会留意。她还格外留心家庭中的重要成员,也就是最年幼的瑞安和我最年长的岳母,她已经97岁了,足够引起所有重视。

艾米还注意到我们没有提及任何和价格相关的问题,她知道或许我们勤俭持家,但在特殊场合奢侈一把也未尝不可。于是她提到了一种来自神户的牛排,在我看来价格高得有些离谱。但今天是我的生日,托德说:"爸爸,我想点一份,你也要一份吧。"我说:"好啊,我也想点。"我还要了两份洋葱圈,一份给托德,一份给自己。

琳达开始在鱼和虾之间举棋不定,艾米说道:"这两种海鲜都不错,但我想你可能更喜欢挪威的鱼。"而有些自大的服务员可能会说："琳达，我更喜欢牛排。"或"杰克，选鱼。"他还没有征求我的意见，就替我做了决定，我非常不喜欢这种做法。

艾米也发现了我对洋葱圈的迷恋，问我是否稍后会再加一份，当然，我肯定会。她明白人或多或少都会有些自己的怪癖，也喜欢将它们记录在计算机中随时调阅。

在为我们上沙拉的时候，负责研磨胡椒的服务员也会进一步发现我的癖好，因为我一直在告诉他"接着加"，等我叫停的时候，胡椒研磨机都快空了。服务员走回计算机前，在我的"洋葱圈狂热爱好者"旁边添加了一句"还迷恋胡椒"。

尽管要兼顾其他的餐桌，艾米也始终注视着我们。很多餐厅的服务员总是低着头和另一位同事谈论电视剧的情节或新做的指甲等，不管在聊什么，反正肯定和客户服务无关。

艾米注意到我在看她，于是她便微笑着问："怎么样，一切还顺心吗，杰克。我能称呼您为杰克吗？"

在弗洛伦斯慢慢吃东西的时候，艾米的反应也很贴心，她并没有催促，而是耐心询问能不能上下一道菜，以便其他人能继续以合理的速度用餐。我说那太好了，我们会把弗洛伦斯没吃完的菜带回家。

我们吃完准备回去时，艾米在我们的桌子旁停下和我们握了手，并塞给我一个包。

"这是什么？"我问道。

"听说您特别喜欢洋葱圈，拿上吧，是免费赠送的。"

艾米将我们送到门口后，停下来致谢。她拿出了一张名片，因为她清楚，名片对于那些希望与客户建立关系的销售员来说至关重要。她说道："杰克，希望您能再次光临，我们会为您准备好洋葱圈和布丁，当然还有很多胡椒粉！"

在艾米回家之前，她将一些关于我们一家人的其他细节信息也更新到了数据库，其中有每个人的昵称、生日、电子邮件地址、电话号码，还有弗洛伦斯吃东西很慢。

一周后，艾米给我寄了一封漂亮的手写感谢信，她使用的是真正的墨水和真正的邮票。弗洛伦斯则接到了艾米的电话，电话里她说："我只是想确认一下您在我们这用餐是否得到了愉悦的体验！"对佛洛伦斯来说，这是她97年以来接到的第一通来自服务人员的电话，她迫不及待地将这个故事分享给了一起打桥牌的好姐妹。

在11月27日，也就是那年感恩节的第二天，艾米居然还给弗洛伦斯寄了一张生日贺卡。

我刚才有没有提过我给了艾米小费？没关系，反正下一次，她会收到一个更大的红包。

保险行业如何拥抱客户

这个故事发生的时候，我刚从研究生院毕业不久，挣的薪水恰好和每月支出打个平手。当时我和琳达已经结婚了，第一个孩子拉塞尔也已出生。作为一位父亲，我能感受到成年人的责任和痛苦。琳达也不是全职妈妈，她也同时打着几份零工，要一边教音乐，一边在一家服装店做些会计的工作。

突然有一天，我接到了人寿保险销售员拉里的电话。接下来的事情大家应该都很熟悉了，保险人员给你准备了一份你无法理解，并且可能也永远用不上的保单，什么终身寿险、龙卷风保险、仓鼠的保险等。与其听对方的唠叨，我宁愿去喝一整天的酸醋。我想起了电影《爱与死》（*Love and Death*）中的一句话："生命中有着比死亡还糟糕的事情。如果你和保险销售员共度了一夜，那你就能理解我的意思了。"

但我还听过的另一句话："当你死了，你会死很久。"

不得不承认，拉里的话听上去还挺靠谱的，他说："我不会强卖给你任何你不想要的东西，还有你不需要的东西，不管你有多想要，我也不会卖给你。我们的交易都是透明的，没有任何猫腻。我觉得我们应该聊聊人寿保险，至少在你被一辆满载着啤酒的卡车碾过去之后，你的家人还能拿到些补偿。"

"嗯，其实相比于啤酒，我更喜欢葡萄酒，因此被装着啤酒的卡车撞死的可能性很低。"我告诉他说。

拉里又开始反反复复地游说："你希望对自己的家庭负责，这点咱们都能达成共识吧？我希望你基于自身的情况和这点共识，去购买你真正需要的东西。就当是帮你自己一个忙，咱们约个时间见个面吧，我已经做好为你和琳达服务的准备了。我记得咱们两个是在双方父辈的一次聚会上认识的，听说你最近好运连连啊，孩子都出生了，怎么样，你的儿子拉塞尔还好吗？"

拉里和我想象中的人寿保险销售员大相径庭，甚至可以说是站在了我想象的对立面。我同意了见面，因为我不忍心通过电话告诉他，其实琳达觉得我们不该在人寿保险上花一分钱。不过，在我看来，每个人都会死，所以去听一听也无妨。

我们一起在餐厅喝了杯咖啡，他叫我"杰克"，并向我分享了自己的近况，他已经成家了。他试图用一种非常真诚的方式说服我去更多地了解人寿保险，想让我相信，他能为我完成不同类型的保单，并能给我提供最好的福利和最优惠的价格。他还给我看了一堆让人眼花缭乱的图表。

我向他承认自己有轻微的阅读障碍，这些图表让我非常困惑。他拍拍我的肩膀对我说："我儿子也有这个问题。"

他花了很长的时间，带着我过了一遍图表中每个项目的含义，礼貌地向我强调着各项政策的重点，以便我能就此做出更好的选择。我一直在想，这可比学校的老师讲得明白多了。

从一开始，他就直言说能给我一个很合适的优惠价。但他也强调说，我应该先了解各种保险的类型和价格，然后和一个资深的，能帮我从长期考虑最优利益的代理人合作，他能帮我货比三家，做出最优的选择。

我意识到拉里的理念和我父母不谋而合。我的父母一直觉得在商铺中经营多品牌服装才是正途，因为衬衫和运动装可能会适

合不同的人，客户也有着不同的价格偏好，我想，这才是父亲的
服装店能发展壮大的原因。

在和拉里会面的整个过程中，我没有感受到任何压力，也没
有被迫在任何写着"立即签名"的虚线上写下自己的名字。他只
是对我说："好好想想吧。"几天后，拉里邀请我去打高尔夫球。
由于我负担不起乡村俱乐部的会员卡，因此我们只能在当地的公
共球场开球，并进一步做了相互了解。

之后在吃午饭的时候，我向他询问了更多的信息，以及一些
保险的实际条款。他向我解释了一些细则，然后就闭上了嘴。看
来他对"闭嘴原则"也了如指掌。

最后，我在拉里那里买了一个能负担得起的小保单。如果我
会不幸地被一个高尔夫球击中而丧命，琳达也完全可以依靠保险
金维持原有的支出水平，逍遥地活上一两年。

一周后，我收到拉里的一封手写信。他在信中感激了我对他
的信任，也感谢我购买了一份我们双方都达成共识的，在我生命
的这个阶段能派上大用场的保单。

两个月后，我在信箱中发现了一张漂亮的生日贺卡，是拉里
寄给琳达的。我和琳达都很清楚，拉里很关心我们，他和那些做
成了生意就人间蒸发的销售员不一样。

不久之后，拉里又邀请我打了一次高尔夫球。他提到，若不
是对面球道上的球手把球打到了我前方的一个铁钩上，那个球就会
击中我，我可能会因此而残疾，但买了残疾保险，就能高枕无忧。

但他没有急于向我推销，而是说："你可以设想一下这个情景，我也可以给你讲讲这个保险条款的政策是如何运作的。"

我又提起，听说身边的某些人正在购买长期护理险，但拉里说："这个不适合你，你现在还很年轻，20 年之后我们再聊这个。"

哇，他竟然能直言不讳，推掉一个让自己赚钱的机会。从此以后，我更信任拉里了。

生活仍在继续。不久后我和琳达买了房子，需要一份业主保险，我理所当然地给拉里打了电话。虽然这不是他负责的项目，但他父亲开办的保险机构却能接手。后来，机构派出了这方面的专家马克与我和琳达进行了接洽，为我们当时刚买的，也是唯一的房产投了保。

服务行业如何拥抱客户

哦，天哪，我在这本书中是不是还没有分享过那个我幻想中噩梦般的航空旅行故事？谁不喜欢这样的故事呢？像我就特别喜欢做这样的白日梦。

我想象自己正去往机场，准备搭乘顺飞航空的航班前往旧金山，并通过电子亭办理登机手续。

可能我当时看上去是一副很无助的样子，一位服务人员微笑着对我说："看来我应该能帮到您。"我说："是的，麻烦您帮我打印一下登机牌。这对我来说有些困难，因为我有些轻微的阅读障碍。"

她并没有让我产生低人一等的感觉，很快就帮我把登机牌打了出来，还用红笔圈出了登记口的号码，她清楚对于我这样的人来说，这样做能帮上大忙。

随后我在柜台为行李称重，第一个低于限额 10 磅①，另外一个则超重了 2 磅。服务人员悄悄对我说："没关系，我就当没看到。"

说实话，实际上每次我乘飞机出行，都会吃尽苦头。有次我的一个行李重 54 磅，另一个重 25 磅。我已经排了 20 分钟的队，不管我对值班人员多礼貌，他还是会一脸挑衅地说："两个行李必须都在 50 磅以下。"

他命令我站在航站楼的另一边，在那里，我不得不把 4 磅重的东西从一个包裹中拿出，装到另一个里面，而第二个包裹又太小，塞得鼓鼓囊囊的，我知道我的正装衬衫肯定会起皱。在热气腾腾的候机楼里忙活了这么一大通，我觉得自己的体重至少减了 2 磅。

好了，现在回到我的幻想情境。我登了机，服务员微笑着和我进行了友好的交谈，我当然也报以了微笑。顺便说一下，他还问我，在过安检前喝水了吗？

在我过安检的时候，警卫都面带微笑，超级有礼貌。他们不仅保证我们的安全，似乎也很喜欢我们。

我已经厌倦了在广告牌和报纸上看到航空公司"赚更多里程"的广告了。听到航空公司说"安全是我们的第一要务"的时候也

---

① 1 磅 = 0.4536 千克。——编者注

让我恼火。当然他们也有排名第二和第三的要务，但显然他们并没有把注意力集中在乘客身上。但在这里，我能感受到客户和服务才是航空公司关注的重中之重。

时间到了，我来到登机区。我注意到独自乘飞机的孩子们开始打电话给父母或祖父母，告诉他们小鲍勃和小利兹已经安全登机了，这感觉不错。

机长出面做了一个简短的演讲，说欢迎各位和自己一起飞往旧金山的乘客，然后他又用一分钟时间介绍了其他机组人员。

机长还会在每次飞行前和空乘人员会面，并查看客人们的信息。注意，不是"乘客们"，而是"客人们"。他们想看看这次飞行是否恰逢某位客人的生日，或第一次飞行的周年纪念日，再或者是飞行整 10 年或 20 年等这类有纪念意义的重要日期。

航空公司会要求乘客填写一张简单的卡片，你可以在卡片上写下你的昵称、生日、工作、配偶的姓名，以及任何特殊的忌口或饮食偏好，比方说不吃鱼爱吃鸡肉、不喜欢白葡萄酒喜欢红酒，或者喜欢来点额外的坚果等。

当我坐在靠过道的座位上之后，一位名叫萨利空乘人员在我身边停下来说："你好，杰克。"她注意到我的脖子上环着一个靠枕，于是低声说，如果我需要的话，会多发给我一条毯子，还说很快就会帮我端一杯红酒上来。我说："你可以在晚餐时间端来。"她笑着回答："好的。"

当我们在跑道上滑行准备起飞时，机长的声音从扬声器中传了出来："今天是吉尔·罗杰斯的生日。虽然我们不会向大家透露她的年龄，但她能选择我们的航班，这一点让我非常自豪，让我们祝吉尔生日快乐！"

升空之后，电视屏幕缓缓下降，航空公司总裁的身影出现在屏幕上。他欢迎了每一位乘客，再次强调了安全第一，并补充说公司的首要任务就是为每一位乘客提供个性化的客户服务。

这时萨利又走了回来，俯身问道："杰克，我想知道你是否需要看电视，或者想连上电子邮箱。"我当然需要了，我甚至觉得她就是来回应我之前的祈祷。

我扣上耳机，然后惊讶地发现，虽然这耳机的尺寸很大，但却不是那种会从耳蜗里滑下来的便宜货，而是专门为幼儿做过特殊设计的。萨利还向我展示了如何寻找感兴趣的电影、如何使用免费的互联网。我非常感谢她。

我喝了水和番茄汁，并吃完了第一轮坚果。再次让我感到惊讶的是，空乘人员问都没问就拿出了我喜欢的零食，他们似乎很清楚我的一些小嗜好。

这让我不禁回想起在其他航空公司搭乘飞机时的尴尬场景：当空乘人员让你选择花生还是椒盐脆饼的时候，如果你说两个都要，就会让别人产生一种你很嘴馋的感觉。

在放松的状态下，我喜欢来回移动自己的双腿。不得不说，多年以来，每次坐飞机的时候，我都尽量让自己的膝盖远离过道。几年前，乘务员们都喜欢在过道上飙饮料车，就像闯红灯一样。

在一次旅程中，我的膝盖遭受重创，到现在还隐隐作痛。不过现在乘务员都会礼貌地要求你挪开腿，比以前斯文多了。

在我们吃坚果的时候，乘务员提议玩一个游戏，获胜者会得到一瓶酒或一些小奖品，每个参与者都很开心，脸上都挂着笑容。

很快就到了晚餐时间。乘务员走到机舱后排找到我，对我说："我们准备了鱼、鸡肉和意大利面。"啊，我不吃鱼，而且在努力控制碳水化合物的摄入量来减轻体重。正在发愁之际，萨利弯下腰说道："我在您的个人信息卡上看到了一些提示，就给您预留了一些鸡肉。"

上一次我坐飞机的时候，曾向乘务员询问我能不能多拿一份洋葱圈，但在菜单上，洋葱圈是和汉堡搭配在一起的。在她看来，这种离经叛道的要求显然触犯了航空法。乘务员说道："不行，规定要求，你想再拿一份洋葱圈，就需要再点一份汉堡。"

不过这次，萨利在我的主菜鸡肉旁边加了一份洋葱圈。

她说："个人资料中写道您特别喜欢洋葱圈，因此我就为您备了一份。希望您能喜欢。"

我环顾四周，除了三个正在打呼噜的人，其他人都保持着微笑。

当机长宣布我们马上要降落在旧金山的时候，萨利走下过道检查乘客们的安全带，并提醒我："别忘了带走您的靠枕。"

离开飞机时，机长递给我一张名片，还有一张小纸条，上面写着我在下次航班中可以享受升舱服务。

当我到达行李区的时候，我发现行李箱不仅没有丢失，还已经被安置妥当，在那里静静地等着我了。

第二天，我又收到一封感谢邮件，且因为我的生日就在下周，所以我在下次航班中还能享受到 100 美元的优惠。

零售行业如何拥抱客户

我的朋友都知道，我真的不喜欢购物，尤其是不喜欢买我不太了解的东西。但这次我必须去买灯泡。这天，我刚从屋顶上拆下来一对寿终正寝的灯泡，一个六十瓦，一个四十瓦。我还需要买点银器抛光剂，前段时间琳达提醒我说，朋友要来家里做客，擦银器的活儿就交给我了，但我们的银器抛光剂用完了。

不由分说，我冲向了一家叫"购物狂"超市。这里我来过几次，但也挺久没来过了。刚到门口，一位销售员就笑着走过来说："你好，杰克，你是来买鸟食的吗？"

我想起了这位销售员。天哪，好像是在八九个月前，当时我过来买的是吸尘袋，没错，还有鸟食！我不记得他的名字，所以在他说出"鸟食"这个词时，我吃了一惊。而且我记得上次来的时候，我自称约翰，而不是杰克。

其实，我可以买点鸟食。过了一个冬天，我养的那群鸟已经把鸟食消耗得差不多了。因此，我回答道："对，我是来买鸟食的。很高兴能再次见到你。"

"如果你不记得我的姓名了，我愿意重新介绍一下自己。我叫汤姆。"他这样说着,并用力握紧了我的手。我接着说:"我还需要买几个灯泡,我手上有两个样品。对了,还有银器抛光剂。"

在我离开之前,我问他洗手间在什么位置。他带我去了洗手间,而不是随手一指,告诉我"在那边"。洗手间也是我判断一家商店服务是否合格的标准之一。当我被人告知"洗手间就在楼上,先往左转,再往右转,然后下一个台阶"的时候,我根本记不住。

很快我们就到了买灯泡的区域。我注意到汤姆正在计算机上敲些什么东西,没准是在检查灯泡的库存。然后他开始向我解释灯泡之间的区别,那些更亮的灯泡,往往耗电更高,使用成本自然也就更高。他向我推荐了一些虽然有些小贵,但更节约能源,且更省钱的灯泡。

我一直很注重节能减排,想成为一名优秀的绿色公民,我期待国家可以实现能源独立,因此我选择了汤姆推荐的灯泡。

接下来,汤姆又向我展示了两种不同类型的银器抛光剂,但相比于液态的抛光剂,他更倾向于膏状的,他还说:"我觉得你应该买两瓶。虽然我也很希望能尽快再次见到你,但从你上次和我分享的情况来看,你家里应该有不少银器。"

在我们走向收银台的时候,汤姆说:"一分钟之前我在计算机上查过,数据显示,杰克,你在一年半前为琳达买了一台漂亮的洗碗机,我觉得它现在应该还运转正常。你买了机器之后我就给你打过电话,你说它很好用,从那之后我就再没有联系过你。"

"是的，洗碗机很好用，琳达很喜欢。"

"我还注意到，当时你在考虑换个新炉子。你是已经换了，还是仍在考虑？"

"还在考虑。不过我们的周年纪念日快到了，琳达也老是抱怨说，原来那个炉子的燃烧器都失效了。"

"我想我知道哪款适合你。我在计算机上查到了你家厨房的布局，正好这个星期我们有一个很棒的炉子在打折。"

他给我报了价，价格正好在我的预算之内。汤姆知道我正处在购买情绪之中，也洞察了我的真正需求，现在就是建立销售关系的大好时机。对于像我这种不爱购物的客户来说，毕其功于一役的销售方法是最有效果的。

在我选好炉子之后，汤姆又说道："你知道吗，炉子可算不上什么性感浪漫的周年礼物，你想不想去其他区域转转？"

"可能吧，你还有什么建议吗？"

汤姆想了一会说："你知道什么更合适吗？你可以买一个精美且有吸引力的茶壶，能在美观和实用之间取得平衡。或者你可以在给她的周年纪念卡上写些甜言蜜语。"

"听上去不错。"

汤姆把我带到茶壶专区，帮我挑了一个性感的茶壶。

"你们能在十六号之前把炉子装好吗？"我问道。

"当然可以，即便需要我亲自出马，也会尽快给你装好。"

我们终于来到了收银台，我一拍脑门："咱们忘了拿鸟食！"

汤姆说："没忘，我拿了。"

收银台前人有些多。汤姆带我分别给负责灯泡、抛光剂、鸟食、茶壶和炉子的销售员打了电话。我注意到他把我们周年纪念日的日期也写进了客户信息档案中。

走到门口的时候，他帮我把鸟食放到了车上，然后说："周年快乐，杰克，我觉得琳达会喜欢她的礼物。"

"谢谢，我会再来的。"

谁能预想到是这个结果？最不喜欢逛商店的我，本是过来买银器抛光剂和灯泡的，但在喜欢拥抱客户的销售员面前，我竟然还买了鸟食、茶壶和炉子，甚至还在盘算着要不要换一台割草机。

正像我之前提到的，这些虽然都是我的白日梦，但很容易成为现实。这就是将"拥抱客户"的销售理念发展成为销售文化的结果。你需要提供给客户的就是时间，以及关怀。

在拥抱客户时，你也拥抱了自己

　　我上小学的时候，曾在韦斯特波特的科博海滩卖过冰棒，并借此赚了些零花钱。我有一块自制的标牌，上面写着"美味的自制冰棒"。当时我全然没有任何销售流程的概念，但当我回忆起当时的经历时才发现，自己那时就在不知不觉中对一些销售的基本原理做出了实践。

　　当时的我就已经意识到，要用一种吸引人的方式和客户建立联系。我总是向步行或驾车经过我的人微笑挥手，并兜售冰棒。当他们停下来一探究竟的时候，我就会致以亲切的问候："你好，我是杰克。我这里有味道特别好的冰棒，是我和妈妈自制的。"

　　我也做了"解码任务"。我会问顾客："你喜欢哪种颜色，哪种口味？"在接下来的演示中，我还特意强调了自己的产品在炎热天气之下的宝贵价值："你可以吃些美味的冰棒来降降温。"

当客户开始询问我是如何制作冰棒的，或打听起冰棒的价格时，我就知道他们已经进入了"购买"模式。而我也坦然地允许客户进入购买的下一环节："你应该买一个尝尝。你指着的那个是草莓味的，如果你女儿最喜欢红色，不妨买这一支，这简直就是为她量身定做的。"

如今，我总是心怀感激地为顾客倒上一杯凉爽的冰水，并同时说道："别忘了叫你的朋友一起来。"这就是我的"吻别"。

我在海滩路上卖冰棒的时候，销售额总会远远超过竞争对手。我不仅玩得开心，结交了朋友，还充实了自己的存钱罐。当然，我要先还清妈妈的投资。谢天谢地，正是有她的资助作为启动资金，我的生意才得以存续。这是一个"三赢"的局面。

无论你卖的是什么，这套销售流程都能为你带来很大的改变，哪怕你只是一个路边摊上卖柠檬水的孩子。

在经过分析之后，我得到了一个结论：我是一个彻头彻尾的销售员，这一点简直刻进了我的骨子里。

我希望用自己积累的微薄经验，帮助你改善销售自己的现状。虽然我在书中写下的内容，可能并不完全适用于你的业务，这也没什么。但请你记住，这套经验已经在我们的店铺中长年累月地经过了成千上万名客户的检验，我可以向你保证它们确实行之有效。

如果它们没有效果，如今我们也不会成为一家这样蓬勃发展的企业。我相信它们适用于所有零售业和服务业。我衷心地希望你能采用其中的一些做法，亲眼看看效果。

当然，我也鼓励你能分享出自己的销售小技巧，我会洗耳恭听。几乎每周，我们店铺的人员都会分享给我一个简单的拥抱小技巧，它们不仅能让客户心情愉悦，还能有效促进销售。

就在前几天，罗伯特·西蒙斯就向我分享了一个小经历。他在威尔克斯·巴什福德的一位重要客户向他提到，希望能在试衣间内装一个衣架，以便在试穿服装的时候能挂好自己的夹克。有时候罗伯特知道客户要来，就会提前准备好衣架，但当客户突然造访的时候，罗伯特就会被打个措手不及。

因此罗伯特在互联网上找到了一家小公司，他们生产一种非常漂亮的实木衣架，上面还雕刻着隽丽的深草书。现在，每次客户到来时，都能用这个特别的衣架挂好自己的夹克。

如今我已经到了销售生涯的晚期，最喜欢做的就是进行一些关于销售和客户服务的演讲。这些演讲最重要的内核，就是关心他人，这是出发点，也是落脚点。我将之称作"拥抱演讲"。

每次演讲结束的时候，我都会要求现场观众许下三个承诺，而且是严格按顺序做。

1.要去了解他们的前100名客户，如果能做到了解前250名就更好了。要了解他们的姓名、昵称、生日、纪念日，还有他们喜欢的球队、电子邮件地址、电话号码、工作地点，以及他们喜欢咖啡还是茶，只要是能够改善服务，并加强你与客户之间信任的信息，都要搞清楚。

"愿意定下承诺的人，请举起手来"。一般 90% 的人都会举手。我便接着说："举高些，既然你承诺自己要做到这一点，我希望一年后，你会回来向我分享你的领悟和思考。希望你们能和客户们玩得开心，也希望你们的销售额能直线上升。"

2.在接下来的一到两天内给某人一个"拥抱"，不管是通过电话、短信还是电子邮件。这个某人可以是你很久没见的朋友，也可以是在高中或大学给你留下深刻印象的人，或者是和你吵过架的家人，又或者是你错过的一位优质客户。

我接着说："能做到的人，请举手。这一点很简单，拥抱是免费的，但你知道这些免费的拥抱会带来什么吗？"我能听到观众中有人悄咪咪地说："他们会回抱你。"

3.和邻居做好"互动"。我大声说道："各位，站起身来，转向你身边的人。给他一个坚定的握手，或是击掌，如果你愿意，你也可以直接熊抱他。"

一般所有人都会站起身来，有 75% 的人会选择熊抱。这场面可太壮观了，通常需要花上两三分钟才能让他们安静下来。

然后我会问："感觉怎么样？"

所有人脸上都带着幸福的微笑，无一例外。

自从我走上销售这条路，每次闭上眼睛，我都能在脑海中看到些美妙的场景：在丹佛的大礼堂中，坐着 3 000 名热情洋溢、关怀备至的销售员；麦迪逊广场花园的人数更多，有 18 000 人；而在扬基体育场里，人数更是达到了 50 000 之众。这是我的想象，但又有何不可呢？

这太有趣了，让人心潮澎湃。

你也能体验到这种美妙的感觉，因为你在销售过程中不光拥抱了客户，还拥抱了自己。

所以，大胆地去尝试吧。

为什么我要这么热切地催促你？这也是一种销售，我终究还是死性不改，总是在卖东西，但我们都应该这样。

尽情享受美妙的销售吧！

致　谢 SELLING THE HUG YOUR CUSTOMERS WAY

　　这世上所有的书都是在作者借鉴了自己的生活经历，并凭借他人的帮助才得以完成的，本书也不例外。

　　我穷尽一生都在销售，但我享受销售的每一分钟。我在这里分享的销售技巧，完全基于我自己在销售场所的冒险经历，但更重要的是，我认真观察和聆听了其他出色销售员的故事，从他们那里学到了重要的经验教训。

　　他们当中的许多人，以及我在演讲中遇到的观众，都在催促我向分享销售的哲学和技巧，按我更喜欢的方式解读就是"允许人们购买"的哲学和技巧。

　　我要感谢米切尔的整个销售团队，他们几十年来一直在贯彻拥抱客户的销售方式，将我们所有的客户和同事视作家人，让他们每一天都如沐春风。感谢，感谢，非常感谢你们。

　　你们对于拥抱文化的认同让我感到自豪和欣慰。如果没有你们的辛勤工作和冒险精神，米切尔家族的企业也不会像今天这样蒸蒸日上。我要给你们一个大大的拥抱!

我要特别向我的哥哥比尔表示由衷的感谢,他为销售和客户服务树立了标准,他自己也是一位世界级的拥抱大师!他是无与伦比的,我的成功,以及米切尔家族的成功,都要归功于他。

我要感谢我的父母——埃德和诺拉·米切尔,他们在半个多世纪前创立了这家公司。我从他们身上学到了有关销售的大部分基础知识,尤其是支撑企业运营的核心价值观。拥抱文化正是建立在他们所信奉的原则之上,他们的精神将在我们的企业中永存,并不断指引我们前进。

我的妻子琳达·米切尔,是我宇宙的中心,她对我的意义,很难用语言来形容。我认为,我人生中最重要的一次交易,就是她对我说"我愿意"的那一次。她永远是我生命中的挚爱,带给我幸福的海洋,我对她感激不尽。

我也非常感谢我们的四个儿子,拉塞尔、鲍勃、托德、安德鲁,以及我们的七个孙子,我很爱他们。他们的建议和见解在本书中贯穿始终,我感谢他们的意见和鼓励,也感激他们的聆听、学习和分享。关于如何更好地销售新产品,他们总能带给我新的启示。

我还要特别感谢比尔和苏·米切尔的三个儿子,思考特、克里斯和泰勒。他们向我分享了自己的销售故事,也总是对我撰写本书给予积极的鼓励。对他们,我只能奉上无数个拥抱以示感激。

特别感谢雷·里佐,一直为我提供明智的反馈和建议。在成书过程中,他不异于一颗定心丸。还要感谢菲利普·鲁佩尔(Philip

Ruppel），感谢他的积极热情，以及将本书付梓的坚定信念，让我对自己所分享的东西充满信心。

我还要向我优秀的行政助理艾米·福尔扎克和杰基·斯科瓦内科致以拥抱，感谢他们孜孜不倦的奉献和明智的建议。他们二人在这次对我来说就是一场冒险的写作中做出了重要的贡献。

感谢麦格劳-希尔图书公司的优秀团队，尤其要感谢我的责任编辑唐雅·迪克森，感谢他们对我们拥抱哲学的理解和笃信，我在此对他们献上大大的拥抱。

客户是我们宇宙的中心，我们的核心价值观之一就是"每个人都在销售"，而我们的销售员每天的所作所为都在证明着这一点。是你们帮助这本书成为销售冠军的，感谢你们！

最后，我要衷心感谢桑尼·克莱因菲尔德。他在我写第一本书的时候就是我的合作伙伴，他是我的挚友。

在我几十年的销售生涯中，我还遇到了许多伟大的销售员和客户，他们传授给我的销售哲学实在是太多了，无法一一列举。我和他们在店铺中相遇，在旅行中奇遇，在跑步中偶遇，在杂货店、干洗店和牙医诊所不断邂逅。

在我进行销售的时候，我就会了解人们之间的关系和想法。总有一天你也会了解到，究竟是什么让世界变成了现在这个样子。

对于所有给过我教育和启发的人，我只能拥抱、拥抱、还是拥抱，拥抱你们所有人！！！

GRAND CHINA

中 资 海 派 图 书

《拥抱你的客户》（全新修订版）

[美] 杰克·米切尔 著

张若涵 曹烨 译

定价：89.80 元

如何以超预期体验，
创造高访客、高转化、高复购的惊人业绩

杰克·米切尔说："销售额的增加与客户的满意度和忠诚度成正比。"保持利润的唯一方法是拥有客户。增加利润的唯一方法是通过提供卓越的服务来吸引更多客户来访。杰克在《拥抱你的客户》中，分享了让米切尔服装连锁店在当今充满挑战的零售市场中茁壮成长并脱颖而出的实践理念。

以拥抱为核心意味着：与客户建立情感链接，使销售更有人情味；倾听客户的心声，为客户提供精准的定制化服务；你卖给客户想要的东西，而非你想卖给客户的东西；超越客户的期望，培养出狂热的粉丝客户；为客户提供温暖的线上拥抱，把握新零售赢利关键。

《拥抱你的客户》问世 20 年来，已成为加印不断的里程碑式畅销书。它不仅为众多客户服务人员提供指引，还成为各大商学院开设客户服务课程的经典案例，更有大批企业口口相传竞相团购，将其作为企业的内训教材。

《绝对成交话术内训手册》

[美] 迈克·舒尔茨　约翰·E. 杜尔　著

孙路弘　译

定价：89.80元

快速成交、反复签单的
RAIN 全流程销售模式

　　掌握 RAIN 模式的说话技巧，不仅能让你在短时间成交，还能让你的客户迫不及待，一而再、再而三跟你下订单！话术决定了销售的成败。

　　每一次谈话都是发现和赢得新客户、增加销售的机会。然而，大多数商务人士和销售人员在初次接触客户、全程交谈时，都会倍感吃力；由于一些常见的销售错误，最终导致交易失败。舒尔茨和杜尔总结自身几十年的销售经验，并大量研究和深入访谈众多世界500 强企业销售组织的领导者，提出了"RAIN 全流程销售模式"。

　　RAIN 模式包括四个阶段：寒暄（获得客户初步好感，强化信任）、渴望和痛点（发现客户的期待及要解决的问题）、冲击力（引导客户意识到问题的严重性）和新现实（让客户透彻理解可以得到的价值）。RAIN 模式是经过反复验证的有效系统，帮助成千上万的销售人员展开强力销售对话，实现了突破性的销售业绩。

海派阅读
GRAND CHINA

READING YOUR LIFE

人与知识的美好链接

20 年来，中资海派陪伴数百万读者在阅读中收获更好的事业、更多的财富、更美满的生活和更和谐的人际关系，拓展读者的视界，见证读者的成长和进步。

现在，我们可以通过电子书（微信读书、掌阅、今日头条、得到、当当云阅读、Kindle 等平台），有声书（喜马拉雅等平台），视频解读和线上线下读书会等更多方式，满足不同场景的读者体验。

关注微信公众号"**海派阅读**"，随时了解更多更全的图书及活动资讯，获取更多优惠惊喜。你还可以将阅读需求和建议告诉我们，认识更多志同道合的书友。让派酱陪伴读者们一起成长。

六 微信搜一搜　　　🔍 海派阅读

了解更多图书资讯，请扫描封底下方二维码，加入"海派读书会"。

也可以通过以下方式与我们取得联系：

📱 采购热线：18926056206 / 18926056062　　　📞 服务热线：0755-25970306

✉ 投稿请至：szmiss@126.com　　　◉ 新浪微博：中资海派图书

更 多 精 彩 请 访 问 中 资 海 派 官 网　　　(**www.hpbook.com.cn** │ ›)